一緒にいて

楽しい人
疲れる人

『PHPスペシャル』編集部 編

PHP

Contents

第1章 一緒にいて楽しい人と疲れる人はここが違う!

第2章 一緒にいて楽しい人と疲れる人のつきあい方

第3章 一緒にいて楽しい人には理由がある！

第4章 一緒にいて楽しい人の話す力、聞く力

第5章

実践！なぜか人に好かれる話し方

第1章

私はどっち？
一緒にいて楽しい人と疲れる人はここが違う！

「楽しい人」「疲れる人」と聞くと思い浮かぶ、あの人たちの顔。
でも、そういう私はどうなの？
疲れる人になっていないか、自分の人づきあいに変なクセはないか、
心理テストでチェックしましょう。
そして、人づきあいに疲れを感じたら「三つのつぶやき」を唱えて深呼吸です。

一緒にいて疲れる人になっていませんか？

誰にでも周囲の人を
疲れさせてしまう部分があるもの。
あなたの場合はどんなところが一番問題になるのでしょうか。
左に掲げた卒業式のイラストを見ながら、
答えを１つずつ選んで、「一緒にいて疲れる人」に
なっていないか、確認しましょう。

Question 1

あなたは
小さな中学校の
3年生だとします。
今、校長先生から
卒業証書を受け
取ろうとしています。
そのときの心理状態は？

- **a 緊張しまくり**
- **b けっこう冷静**

Question 2

校長先生から
何か言われたとします。
どちらでしょう？

- **a 頑張ったわね**
- **b 元気でね**

Question 3

この人は来賓ですが、
どちらでしょう？

- **a PTA 会長**
- **b 教育委員会の人**

Question 4

この人は担任の
先生です。ところで、
担任は女性と男性、
どちらがいいですか？

- **a 男性**
- **b 女性**

Question 5

この男子とつき合って
いたとします。卒業後、
どうなる可能性が
高いでしょう？

- **a ３カ月以内に自然解消**
- **b ２年以上はつき合い続ける**

Question 6

生徒が 11 人いますが、
3年生全体では
何人ぐらいだと
想像しますか？

- **a 30 人ぐらい**
- **b 15 人ぐらい**

Question 11

教頭先生が立って、
渋い顔をしています。
その訳は？

ⓐ 生徒のおしゃべりが耳に入ったから
ⓑ 態度の悪い生徒を目にしたから

診断方法

ⓐを選んだ数を調べてください。その数で、次のように診断が決まります。

ⓐが9個以上…診断Ⓐ
ⓐが6〜8個…診断Ⓑ
ⓐが3〜5個…診断Ⓒ
ⓐが2個以下…診断Ⓓ

Question 9

壇にあがろうとしているこの子がドジを踏むとしたら？

ⓐ 階段を昇るとき、ちょっとこける
ⓑ 証書を受け取りそこねる

Question 10

この花を活けたのがどちらかだとしたら？

ⓐ 華道部の女子生徒
ⓑ 家庭科の先生

Question 7

このロングヘアの
2人のうち、どちらかが
あなたの親友だとしたら？

ⓐ 右側の束ねていない子
ⓑ 左側の三つ編みの子

Question 8

この男子は落ち着きがありません。
なぜでしょう？

ⓐ 退屈で仕方ないから
ⓑ もうすぐ呼ばれるから

診断

あなたのこんなところが人を疲れさせているかも……

A 人を振り回す

自己中心的で気分屋の傾向が強いあなた。自分のやりたいことをはっきり口にするのはわかりやすくていいのですが、ちょっとしたことで「やっぱりやめた」「ここじゃなくてあそこにしよう」などと意見や行動を変えるため、周りの人は右往左往させられるなど、振り回されてしまいがち。これが何度も続くようだと、「疲れる人」の評判が定着するのは確実です。

そうならないためには、もっと人の気持ちを考えて発言・行動しましょう。いったん口にしたことはよほどのことがないかぎり変えないように気をつけてみてください。やむをえず変える場合は、事前に相手や関係者の了承を取るべきなのは言うまでもありません。

B 人に気を遣いすぎる

あなたは敏感でこまやかな神経の持ち主でしょう。いろんなことによく気がつくし、同僚が髪形を変えたりすればすぐ「似合うね」と指摘するなど、気働きも得意なことと思われます。確かにけっこうなことですが、それも度が過ぎると「いつもチェックされているようでうっとうしい」といった思いを相手に抱かせてしまいがちです。

というわけで、今後は人の顔色をうかがったり、必要以上に気を回したりしないで、もう少しのびのびと振る舞ってもいいのだと考えましょう。そうすれば、「いい人なんだけど、ちょっと疲れるのよね」といった思いを、周囲の人に抱かれずにすむようになるはずです。

C　こだわりすぎる

真面目できちんとしているのはあなたの長所ですが、完全主義の傾向が強いため、ささいなミスや不出来を見逃すことができません。重箱の隅をつつくような指摘をし、周囲が「そのぐらいいいじゃない」と妥協を求めてきても徹底的にこだわります。このため、誰かと何かしようとしても、「あなたとやっても疲れるだけだから」と敬遠されることが少なくないはず。

こんなことになりたくないなら、相手の意見にちゃんと耳を傾け、その行動スタイルを尊重することがまず大切。さらに、あるときは完璧に、またあるときは８割方できていればＯＫとするなど、臨機応変に対応する柔軟性を身につける必要もあるでしょう。

D　スローペース

温和な性格でおっとりしているのはいいのですが、何事につけのんびりしすぎの傾向があります。人とおしゃべりする程度ならそれほど問題ありませんが、一緒に仕事をするなど、共同作業やグループ行動の場では「疲れる人」扱いされがちです。というのも、「さあ、やろう」という段になっても、あなたはなかなか手をつけないし、着手してももたもたしがちなので、相手や周囲の人はいらつくことが多いからです。

これを防ぐには、言われたらすぐにやるなど、機敏な行動を心がけるにかぎります。そのためには、日頃からいろいろなケースを想定して計画を立てるなど、いつでも動ける態勢を整えておきましょう。

ケーススタディ

一緒にいて楽しい人疲れる人の小さな違い

Q

できれば敵を作りたくない、「感じのいい人」に思われたいとがんばっているのに、気づけばいつも空回りな私。

心理学者 **渋谷昌三**

しぶや しょうぞう＊目白大学教授。著書に『「めんどくさい人」の取り扱い方法』（PHP研究所）ほか多数。

A

相手との距離感がポイント

一緒にいて楽しい人とは、その場の空気を読み、相手との距離感を上手につかむことのできる人です。

勘違いしやすいのが、好印象を与えようとして懸命に自分をアピールしてしまうこと。しかし、コミュニケーションというのは双方向のものなので、自分ばかりを押し出

すのはNG。とくに初対面、あるいはつきあいの浅い人、仕事などフォーマルな関係の人に対しては、まずは相手の気持ちや立場を慮《おもんぱか》った発言や行動が大切です。

さらに、「この人、苦手だな」と感じてもとりあえず話をしてみる。好きになれないまでも、興味を持って接するという柔軟性がコミュニケーションの潤滑油になってくれるのです。

楽しい人の秘密がわかった！

状況別ヒント

case 1

後輩へアドバイスをしたい

要領が悪く、見ているとイライラしてくる隣の席の後輩。「うるさい先輩」と思われずにアドバイスするには、どうしたら？

たとえ正しい指摘でも、ズバリと言うと相手にムッとされがちです。かといって、アドバイスがピントはずれだと、「何が言いたいのかわからない」と思われ、煙たがられかねません。

この場合、まずは後輩に「調子はどう？」「今、どんな状況？」と水を向けてみる。そこで後輩が「○○で困っている」と言ったら、それに答える。つまり、「教える」というより「相談に乗る」というスタンスで接するといいでしょう。

教訓

「お説教」ではなく
「相談に乗る」スタンスが、
好かれる先輩の条件と心得よ。

case 2

自慢話をやめさせたい

何かというと自分の自慢話に
会話を持っていく友人に
うんざり。
角を立てずに自慢話を
やめさせるには、どうすれば？

「その話、もういいから」「わかった、わかった」と言いたいところですが、それをやると必要以上に相手の気分を害してしまいます。いちばんいいのは、相手の話に反応しないこと。目を合わせない、相づちを打たないなどの状態で15秒もすれば、相手も「この話には興味を持ってもらえないんだな」と気がつくでしょう。また、もし何人かと一緒にいる場合には、他の人どうしで違う話を始めるのも手です。

教訓

不満は口に出さず、それとなく態度で示すのが、好かれる大人の対応と心得よ。

case 3

ランチの誘いを断りたい

毎日、職場の同じメンバーで
ランチ。
たまには断りたいけれど、
仲間はずれにされるのが怖くて
言い出せない。どうすれば？

たまには一人になりたいけれど、孤立するのは嫌なので仲間から離れられない……。心理学ではこれを「同調行動」といいます。そこから抜け出すのに最もいいのは「まだ仕事が終わらないので」「銀行に行く」など誰もが納得するような口実をつくること。そして「また声をかけて」など、未来につなげる一言を忘れずに。ただし、これも2回以上続くと「本当にそう思ってる？」と信頼されなくなる危険性があるので、何回かに1回にしましょう。

教訓

「反論できない理由」＋「ひと言フォロー」で「嫌われないキャラ」を目指すべし。

case 4

うっかり失言をフォロー

飲み会の席で、先輩に対して
うっかり失言！
「気にしてないよ」と
笑う先輩の笑顔が
ひきつっている……

仲間うちのことであれば、その場でおどけてごまかしたり、ジョークにしたり、あるいは「お酒の席でのこと」で済まされて、とくに謝罪もいらないかもしれません。しかし、上司や先輩などへの失言の場合はいち早い対応が必要。気まずくても翌朝すぐに「昨日は申し訳ありませんでした」と、きちんと謝罪しましょう。「きっと忘れているだろう」と楽観的観測でうやむやにしてしまうと、後々禍根を残すことにもなりかねません。

教訓

ごまかさず、素早くきちんと謝罪することが、好かれる女性の鉄則と心得よ。

case 5

上司の勘違いを訂正したい

他の人のミスなのに、
自分が上司から叱られた。
訂正したいけれど、
怒っている上司を前に
何と言えば？

感情的に「〇〇さんの勘違いです。私はやっていません！」と言うと上司のメンツをつぶしてしまい、ますます上司の怒りの炎が燃え上がってこちらの弁明に耳を貸してくれません。あくまでも冷静に説明することが肝心。その際には、自分を卑下して相手を立てる「迎合行動」が効果的。低姿勢で「ときどき私もそういうミスをしますが、今回は違います」というように話を進めると上司の気持ちも鎮まり、話を聞いてくれます。

教訓

感情的にならず、相手を立ててから訂正するのが賢い部下の条件と心得よ。

生まれ順で見る

あなたの性格と人づきあいのクセ

自分の性格や人づきあいのクセを知れば、人間関係はもっとうまくいくもの。生まれ順と心理テストを組み合わせて、性格や傾向を12タイプに分析。あなたの性格や各タイプとの相性を解き明かします。

心理学研究家　**村瀬洋三**

むらせ ようぞう＊東京都立大学人文学部仏文科卒業。編集者を経て、G・ダビデ研究所で占星術、血液型人間学、心理学を研究する。

生まれ順と性格形成

自分の性格について、その特徴や長所・短所などをよく知っておくことはとても大切です。それは、事がスムーズに運ぶよう指針を与えてくれるだけでなく、周囲の人とうまくやっていくための方法も教えてくれます。

性格分析に関してはさまざまな説がありますが、ドイツの精神医学者・クレッチマーによる体型気質論、スイスの心理学者であり精神医学者でもあるユングによる〈外向性―内向性〉のそれもよく知られたところです。

ここで取り上げた〝生まれ順〟もそんな性格分析の一種で、兄弟姉妹のうち何番目に生まれたかという点を重視するところに特徴があります。それというのも、人の性格を形作るさまざまな要因のなかで、何番目に生まれたか、言い換えればどのように育てられたかということは多大な影響を与えると考えられるからです。

たとえば、最初に生まれた子は「お姉さんらしくしなさい」と言われ続けるため、自然と優等生タイプになる。一方末っ子は、親や兄・姉にかわいがられ続けて甘えん坊になるといった具合です。

ところで、人の性格は子どもの頃にほぼ決まると言われています。しかし、これは基本的な部分であって、その後の成長過程で養われる部分もかなりあります。とりわけ、人づきあいに関しては、社会に出てから無類の社交家になるなど、大きく変わる人が少なくありません。

そこで今回は、今のあなたの人づきあいの傾向を心理テストで調べ、その結果を生まれ順と組み合わせて、より詳しく分析することにしました。

タイプの出し方

① あなたの生まれ順は次のどれにあてはまりますか?

- 一番初めに生まれた子…**長子**
- 最後に生まれた子…**末っ子**
- 長子と末っ子の間に生まれた子…**中間子**
- 兄弟姉妹がいない子…**一人っ子**

② 次ページのテストによって
〝人づきあいの傾向〟を求め、
その結果とあなたの生まれ順の組み合わさる
ページへ進んでください。

あなたの人づきあいの傾向は？

スタートの質問から始め、答えの指示に基づいて次の質問へ進んでください。

a

1

花はどちらを買うことが多いでしょう？（全然買わない人は「切り花」へ）

- 切り花…c—2へ
- 鉢植え…b—3へ

2

フォーマルな服は？

- あまり持っていない…診断Aへ
- けっこう持っている…b—2へ

3

異性の友だちは？

- けっこういる…診断Bへ
- ほとんどいない…診断Cへ

b

1

泊まりがけの旅行の荷物、どちらに近い？

- つい大荷物になってしまう…d—1へ
- 必要最小限にしている…b—2へ

2

高校野球などの開会式によく見られる整然とした行進は？

- 見ていて気持ちがいい…診断Bへ
- 枠にはめられているようで好きじゃない…診断Aへ

3

取り扱い説明書があれば、ほとんどのものを一応使いこなせる？

- はい…d—2へ
- いいえ…c—1へ

e

会食の形式、どちらが好み？
- バイキングまたは大皿から取り分ける形式…d―1へ
- 各自にサーブされる形式 …a―3へ

カフェやバーで座る席、どちらのほうがいい？
- カウンター席 …a―2へ
- テーブルやボックス席 …b―1へ

d

会やサークルへの参加の仕方、どちらが多い？
- 人を誘って …診断Bへ
- 人に誘われて …診断Cへ

オリンピックなどの陸上競技、どちらかを観るとしたら？
- 100ｍ競走 …b―1へ
- 400ｍリレー …e―1へ

c

ロボット掃除機など、便利そうなメカには？
- すぐに飛びつくほう …a―3へ
- 少し様子を見るか、あまり関心なし …e―1へ

平日の午前中、急にお腹が痛みだしたら？
- じっと耐えるか、市販薬を買って飲む …e―2へ
- 近くの医院、診療所、保健室などへ行く …d―2へ

診断A 自立型

今のあなたは人と群れるよりも、単独行動を好みそう。
そのため、つきあいが悪いと思われることはあるでしょうが、
人に迷惑をかけたり、モメたりすることはめったにないはず。

診断B 協調型

今のあなたは人とうまくやろうという意識が強く、
進んでコミュニケーションを取ろうとするはず。グループで
行動する機会も多く、広い交際範囲を誇る人も少なくなさそう。

診断C 依存型

今のあなたは人に頼り、ついていくことが人間関係の基本に
なっているよう。人の言うことをよく聞くのでつきあいやすいと思われ、
かわいがられる反面、少しうっとうしがられることも……。

長子×自立型

責任感があって頼もしい

基本性格

「お姉ちゃんでしょ、しっかりしなさい」「ちゃんと勉強していい学校へ」などと言われながら育ったあなたは、その過程で堅実さ、聞き分けの良さ、自立心を育んできたことでしょう。何事も強い責任感を持ってきっちり果たすところから、「あの人に任せておけば安心」と、周囲から深い信頼を寄せられる人も少なくないはず。

長所と短所

最大の長所は、人としての道を決して踏み外さないところです。法律順守はもちろんのこと、ウソはつかない、浮気はしないなど、誠実さにかけては誰にも引けを取りません。一方、短所は真面目すぎて面白味にかける点。話題は堅いものばかりだし、遊びの誘いにはなかなか乗らず、乗ったとしても場を白けさせることが多いよう。

やってしまいがちな呆れられ行動は？

あなたはお世辞が大の苦手。思ったことを正直に言いすぎて呆れられることが多いようです。上司に「このネクタイ、どう？」と聞かれたとき、「全然似合ってないですよ」と答えるなど、正直すぎる言動をとってしまいがちでは？　ときには人を喜ばせることも考えて。

相性がいいのはこのタイプ

スマートで賢い「一人っ子×協調型」がベストです。適度な距離を保ちたいというあなたの気持ちをわかってくれるだけでなく、堅苦しい話題にも嫌がらずにつきあってくれます。スムーズで実りある関係になる可能性が大です。

要注意なのはこのタイプ

真面目一方のあなただけに生活エンジョイ派の「中間子×協調型」とはなかなか波長が合いません。ただ、相手の個性を尊重し、学ぶ姿勢で接すれば、あなたの堅すぎる面が和らぐなど、短所の改善に役立つ可能性は十分あります。

まとめ役の優等生

長子×協調型

基本性格

弟や妹の面倒を見させられ、彼らのわがままを受け入れながら育ったあなたは、母性的傾向を徐々に強め、世話好きで包容力のある女性に成長したことでしょう。ケンカが起きれば仲裁役に回り、弟妹と年が離れている場合は母親代わりを務めた人も少なくないはず。サービス精神が旺盛で、周囲の人への細やかな気配りも目立ちます。

長所と短所

最大の長所は思いやりのあるところ。常に相手の身になってものを考え、相手の立場を尊重しながら接するので、多くの人に好感を持って迎えられるのは確実です。一方、短所は誰に対してもいい顔をしすぎる点。それが元で、八方美人と誤解されたり、あちらを立てればこちらが立たずといった状況に追い込まれやすい点には注意が必要。

やってしまいがちな呆れられ行動は？

人がよくてタテマエ重視の傾向もあるため、相当な遊び人やずるい相手に対しても「根はいい人なのよ」と公言してはばからない傾向が……。そんなあなたを見て、周囲の人は「人がよすぎる」と呆れることが少なくないはず。だまされたくなかったら、もう少しシビアに人を見る必要が。

相性がいいのはこのタイプ

あなたと同じ「長子×協調型」とは波長がぴったり。ごく自然に気持ちが触れ合うだけでなく、お互い相手とうまくやろうと努力もするので末長いつきあいに。相手が異性なら、生涯のパートナーになる可能性も高めです。

要注意なのはこのタイプ

人がいいあなただけに、ちゃっかりしている「末っ子×自立型」には利用されまくりになる心配があります。お茶やご飯をおごる程度ならまだしも、貢ぐことになったら大変です。せめて金銭に関してはけじめをしっかりつけるべきです。

優しくて控えめな

長子×依存型

基本性格

「お姉ちゃんでしょ、我慢しなさい」などと言われながら育ったあなたは、忍耐強さや芯の強さを育ててきたことでしょう。ほしい物があっても弟や妹に譲ったり、やりたいことがあっても親には黙っているという体験がそんな傾向を育てたのですが、同時にそれは、あなたの中に周囲の人に対する従順さや謙虚さも生んだようです。

長所と短所

最大の長所は気がやさしいところです。周囲の人にはもちろんのこと、動物や植物に対してもやさしい心遣いを見せるはず。なかには、家に飛び込んできた昆虫を外に逃がすなど、虫も殺せない一面も。一方、短所は言いたいことを何でも呑み込んでしまう点。主張がなさすぎると疎まれることにもなりかねないので、注意すべき。

やってしまいがちな呆れられ行動は？

あなたには自分が全然悪くないのに「私が悪かったわ」と非を認めてしまったり、せっかくあげた功績を人に譲ってしまったりする傾向が……。「謙虚なのもいいけど、ちょっと行き過ぎよ」と呆れられることも少なくなさそう。もう少し自分を主張すべきでは？

相性がいいのはこのタイプ

おとなしくて感受性の豊かな「一人っ子×依存型」の人なら、あなたのやさしさを直感的に感じ取って「ほんとにいい人ね」とほめてくれます。ともに花やペット好きだったりする点も楽しくつきあううえでおおいにプラス。

要注意なのはこのタイプ

控えめなあなただけに我の強い「中間子×自立型」の人には押しまくられる一方でしょう。ここぞというときは自己主張して自分の意向を通さないと、結局は「もうついていけない」と自分から逃げ出すことになりがちでしょう。

自由奔放な冒険家

中間子×自立型

基本性格

親に期待されやすい長子と甘やかされがちな末っ子の間で育ったあなたは、親から放任されることが多いため、自由気ままでマイペースな行動をとることが多いはず。やりたいと思ったことは迷わずチャレンジ、行きたいと思ったら一人で勝手に出かける。なかには、バックパックを背負って世界放浪の旅へ出るような冒険家も出てきます。

長所と短所

最大の長所は勇気があること。失敗など一切気にせず、誰もが尻込みすることにも果敢にトライ。「すごい」「お見事」と称賛の声に包まれることも少なくないはず。一方、短所は飽きっぽいところです。勉強でも何でもちょっとつまらなくなるとすぐ投げ出してしまうし、異性との交際も短命に終わりがち。もっと辛抱強くなって。

やってしまいがちな呆れられ行動は？

なにしろ気分屋なので、意見や方針をころころ変えて呆れられる点が心配されます。仕事やサークルなどでの指示も朝令暮改、「また変更？　勘弁してくださいよ」と部下、後輩、取引先に泣かれることも少なくなさそう。これからは辛抱強さを身につけていかないと……。

相性がいいのはこのタイプ

独立心が旺盛で個性的な「一人っ子×自立型」なら、あなたの自由奔放な行動を容易に理解できるし、「一人で海外へ？　おおいにけっこう」などと後押しもしてくれるでしょう。もちろん、友人やパートナーとしても最良です。

要注意なのはこのタイプ

あなたの気まぐれな言動は真面目な「長子×自立型」には癇に障ってしかたないはず。「さっきやるって言ったじゃない」などと責められることが多いし、相手が年上男性ならこんこんと説教され、あなたは逆切れ！　なんて心配もあります。

明るいエンターテイナー

中間子×協調型

基本性格

親の目が行き届かず、また、兄弟姉妹と仲良くやってきたと思われるあなたはのびのびしていて、人づきあいを楽しむことが上手なタイプ。早い話が明朗快活な遊び好き。家族や友人はもちろんのこと、会社の人ともおしゃべりやレジャーをおおいに楽しみ、飲み会や合コンなどの言いだしっぺになることも少なくないはず。

長所と短所

最大の長所は言うまでもなく明るさです。ギャグやパフォーマンスで人を笑わせたり、場を盛り上げたりするのが得意中の得意。友達の間でもサークルや職場でも間違いなく人気者でしょう。一方、短所のほうは何事にも真剣にならない傾向が強い点。ここぞというときは一生懸命働いたり、ひたむきに人を愛したりしたいもの。

やってしまいがちな呆れられ行動は？

あなたは気分がいいとやたらハイになり、ドジを踏んだり周囲のひんしゅくを買ったりしがちでしょう。とりわけ真面目な話し合いの場でおちゃらけたり、相手の話をまぜっかえしたりするのは呆れられること確実です。ちゃんとTPOをわきまえて明るさを発揮すべき。

相性がいいのはこのタイプ

自由奔放で冒険的な「中間子×自立型」は、楽しむことが大好きなあなたのナビゲーターにうってつけ。未体験の遊びを教えてくれたり、スリリングな店に案内してくれるなど、新たな楽しみの世界へ連れていってくれるはず。

要注意なのはこのタイプ

明朗快活で話好きなあなたにとって、物静かで言いたいことをなかなか口にしない「長子×協調型」は物足りないお相手です。つきあう場合は、相手が心を開いてくるのを気長に待つなど、辛抱強くなる必要があります。

素直で無邪気な

中間子×依存型

基本性格

兄姉と弟妹にはさまれて育ちながら依存性を養ったあなたは、無邪気で愛情深いタイプと思われます。それは、ごく自然に兄姉になついたり、弟妹と一緒に遊んだりすることで、人を愛し、慈しむ心を豊かに育てたからでしょう。なかには、人を疑うことを知らず、誰に対しても親切な博愛主義者のような人も少なくないようです。

長所と短所

愛情深さと並んで純粋な点もこのタイプの大きな長所です。いくつになっても世間ズレすることなく、無邪気で天真爛漫だった少女の心を保ち続ける人も珍しくありません。

一方、短所は長所と裏表の幼なさでしょう。いわゆる世間の常識に欠け、それが元で職場、サークル、習い事の教室などで浮いてしまいやすい点には十分注意を。

やってしまいがちな呆れられ行動は？

短所でも言いましたが、やはり非常識な行動が呆れられる原因になりやすいようです。ビジネス文書にキャラクター入りの便箋を使うなど、「いい年をして」と後ろ指をさされるような振舞いは慎むようにしてください。それと、大人の常識の勉強も必要でしょう。

相性がいいのはこのタイプ

しっかり者の「長子×自立型」がベストです。お互いウソ偽りのないつきあいを求める点が共通しているし、あなたの純粋さもこの人なら大切にしてくれます。困ったことが起きたときもしっかりフォローしてくれるでしょう。

要注意なのはこのタイプ

あなたの常識に疎いところを一番冷やかに見るのはクールな「一人っ子×協調型」です。スマートな人ですからあからさまに非難はしませんが、愛情欲求の強いあなたとしては、相手のクールな指摘に冷え冷えとした気持ちになることが多そう。

頭がよくてちゃっかり者

末っ子×自立型

基本性格

親の関心を兄姉より自分に向けさせようとしながら育ったあなたは、頭がよく回るちゃっかり者でしょう。幼い頃から親に気に入られるトレーニングを重ねているので、いつの間にか人に取り入るのがうまくなり、先輩におごってもらえるなど、おいしい思いをすることが少なくないはず。仕事の進め方なども要領のよさが目立ちます。

長所と短所

最大の長所はよい意味で要領がいい点でしょう。何でもソツなくこなすばかりか、失敗してもうまく切り抜けられるし、気難しい相手とも笑顔でいい関係を築いていくといった具合です。一方、短所は地味なポジションを嫌う点。幹事や世話役を買って出るなど、たまには人のために力を尽くして。思いのほかイメージアップに役立つはず。

やってしまいがちな呆れられ行動は?

あなたには偉い人に取り入ろうとしたり、有名人をもてはやしたりする傾向が……。ほとんど初対面なのに名刺を渡して強引に自分を売り込もうとするなど、その厚かましい行動には周囲も口をあんぐりということが少なくなさそう。あまり露骨にならないように。

相性がいいのはこのタイプ

従順で犠牲的精神に富んだ「長子×依存型」なら、あなたの要領のよさもそれほど悪く思わないのでおすすめです。そのうえ、この人のやさしさに触れていると、あなたのマイナス面が薄れていくというメリットも期待できます。

要注意なのはこのタイプ

世渡り上手なあなたと世間知らずの「中間子×依存型」とはつきあい方が正反対。口に出す出さないは別として、互いに相手を非難しがちでしょう。それを慎み、互いに歩み寄るように努力すれば徐々にいい感じにもなれるでしょうが……。

友情に厚い社交家

末っ子×協調型

基本性格

小さい頃から兄姉よりも注目されたいという思いを持って育ったあなたは、目立ちたがりやの社交家タイプ。周囲に注目されようとことさら陽気に振舞ったり、いつも友だちや同僚と一緒に行動したがるはず。また、コンパやパーティーなど大勢で楽しむことが大好きで、グループレジャーのイニシアチブを取ることも多いよう。

長所と短所

最大の長所は誰とでも分け隔てなくオープンに接することができる点。どこでも気持ちのいい人と好評で、交友を求められることが多いうえ、異性との間に友情も生まれやすいはず。一方、短所は孤独に弱いところです。一人になると途端に元気をなくしてしまうし、独り暮らしを始めるとウツになるなど心の危機に陥る恐れもなきにしもあらず。

やってしまいがちな呆れられ行動は？

目立つ髪型にしたり、ハデな服を着たりする程度なら問題ないのですが、ウケを狙った言動が突出するようになるとやはり呆れられてしまいます。必要以上にキャーキャー騒いだり、かわいらしい物をこれみよがしに持ち歩いたりするのは避けましょう。

相性がいいのはこのタイプ

孤独に弱いあなたですが、心の温かい「末っ子×依存型」とつきあえば救われることでしょう。一人ぼっちになったときもこの人に連絡すればOK。この人とはたとえ長い間離れたとしても、思い出すだけで癒されるはず。

要注意なのはこのタイプ

目立ちたがりやのあなたと謙虚で控えめな「長子×依存型」では行動ペースがかみ合わず、互いに不満を抱きがち。そんな二人がうまくやるには、相手の長所にしっかり目を向け、それを尊重し合うことがポイントになるでしょう。

かわいらしい甘えん坊

末っ子×依存型

基本性格

親からは甘やかされ、兄姉からはとびきりかわいがられて育ったあなたが、甘えん坊にならないわけはありません。何事につけ人の好意や親切を期待して行動するはず。ただ、親兄姉から愛されて育っただけに情緒は安定、心も温かく、嫌なことがあっても取り乱したりすることがほとんどないのも、このタイプの大きな特徴です。

長所と短所

最大の長所は心の温かさと同時にとてもかわいい性格をしているところ。周りの人がいい結果を出せば自分のことのように喜び、失敗すれば心から同情するはず。おかげで、多少のわがままならほとんど許されます。短所のほうは合理性に欠ける点。筋道立てて考えるのが苦手だし、理屈に合わない行動をとることも少なくありません。

やってしまいがちな呆れられ行動は？

一番呆れられるのは、会話中、無意識のうちに親の自慢話をしてしまうなど、親の影響が強く出すぎる点でしょう。何か決める際も親の許しを得てからということが多いので、相手は「自分で決められないの？」と呆れ顔に。今後、少しずつでも自立心を養っていくようにして。

相性がいいのはこのタイプ

親切で愛情深い「中間子×依存型」はあなたがどんなに甘えても喜んで受け止めてくれるはず。また、あなたの心の温かさは相手にとても喜ばれ、しっかり心が通い合うでしょう。相手が異性なら間違いなくスイートなカップルに。

要注意なのはこのタイプ

「一人っ子×自立型」は独立心が旺盛で、べたべたされるのを嫌うため、見るからに甘えん坊のあなたをはなから敬遠しがちでしょう。仮につきあったとしても、あなたが相手に頼ろうとする限り言い争いが絶えない、なんてことになりかねません。

マイペースで個性的な
一人っ子×自立型

基本性格

兄弟がいれば必ず経験する対立や協力を知らずに育ったあなたは、人の身になって物事を考えるのが苦手なタイプ。どうしても自己中心性が強くなり、何事にも独断専行が目立つはず。その代わり、自分の価値観をしっかり持っていて、独立心も旺盛なので、自ら事業を興《おこ》したり、独創的な作品を生み出したりする人が少なくないよう。

長所と短所

最大の長所は個性的なところです。何をするにも他の人とひと味もふた味も違った結果を出して評判に。おしゃれもオリジナリティーが際立ち、人目をおおいに引くはずです。一方、一番の短所は思いやりに欠ける点。人の気持ちが理解できず、また、わかろうともしないので人間関係はぎくしゃくしがち。孤立の道を歩まないよう十分注意を。

やってしまいがちな呆れられ行動は？

やはり自己中心的な性格から来る身勝手行動が呆れられる原因に。待ち合わせ一つとっても自分の都合のいい時間にしようとするし、飲み会でも自分が中心にならないとすねたりして、ひんしゅくを買うことが少なくないでしょう。もっと相手の気持ち、立場を考えるようにして。

相性がいいのはこのタイプ

世渡り上手で気難しい人ともうまくやれる「末っ子×自立型」なら、個性の強いあなたでも良好な関係を築けるはず。そのうえ、相手のいいところを吸収するよう努めれば、人間関係全般の改善にかなり役立ちます。

要注意なのはこのタイプ

自己中心性の強いあなたと目立ちたがりの「末っ子×協調型」では、お互い相手が目の上のたんこぶになりがち。つきあう場合は「前回は私が譲ったから、今回はあなたが譲って」などと、互譲の関係を築くよう努力する必要があります。

クールで大人びた

一人っ子×協調型

基本性格

親に早くから大人扱いされ、教育も行き届くことが多いので、知的能力が高い大人びたタイプになります。同年齢の人より落ち着いているし、物事もよくわかっています。何が起きてもうろたえることなく冷静に対処するので、クールな人に見られることも。また、マナーをよくわきまえ、適度な距離感を保つ傾向も目立ちます。

長所と短所

最大の長所はとにかく賢いところです。単に勉強ができる、物知りというだけでなく、判断が適切だったり、愚かなマネは決してしないという意味での賢明さも目立ちます。一方、短所は実行力がイマイチなところ。「いいことは言うんだけど、口ばかりで……」などと、批判されがちです。〝言うよりもまず行動〟を心がけては？

やってしまいがちな呆れられ行動は？

あなたには理屈にこだわりすぎる傾向が。これが元で、何か失敗して人に責められたとき、屁理屈を並べ立てて責任逃れしがちです。そんなあなたを見て、周囲の人は「また始まったよ」と呆れ顔をすることが少なくないはず。屁理屈はやめ、潔く非を認めるように心がけて。

相性がいいのはこのタイプ

行動力不足のあなたには明朗快活で遊び好きな「中間子×協調型」とのつきあいがおすすめ。相手の呼びかけに応じて飲み会やグループレジャーなどを楽しむうち、次第にフットワークが軽くなるというメリットが期待できます。

要注意なのはこのタイプ

理屈屋のあなただけに、合理性に欠ける「末っ子×依存型」とは話がかみ合わず、お互い不満を抱きがち。つきあう場合は「なんで？」「どうして？」は控えること。恋愛の場合は頭ではなくハートで恋をするよう心がける必要があります。

おとなしくて感受性豊かな

一人っ子×依存型

基本性格

親の多大な干渉と庇護の下で育ち、兄弟姉妹という競争相手もいないため、あなたは反抗らしい反抗をほとんどしない、物静かなおとなしい人でしょう。その一方で、一人遊びをずっと続け、いろいろなことを思い描いてきた経験から、内面はとても豊かで、素晴らしいアイデアや素敵な青写真を蓄えている人が少なくありません。

長所と短所

最大の長所は想像力が豊かなところ。誰も考えないプランを思いついたり、人の気持ちが手に取るようにわかったりするはずです。文学、絵画、音楽など芸術の分野に才能を発揮する人も少なくありません。一方、短所は内に閉じこもりがちな点。人と親しくなりたいという気持ちをなかなか出せず、一人悩んでしまいがちでしょう。今後、少しずつでも心を開いていくよう努力して。

やってしまいがちな呆れられ行動は？

いったん口にしたり、手をつけたりしたことを「やっぱりやめた」と撤回して周囲に呆れられる傾向が……。不安やプレッシャーに耐えられなくなるからですが、そんなときこそ、親や友人に励ましてもらったりして踏ん張るべき。

相性がいいのはこのタイプ

内に閉じこもりがちなあなたには、社交性の豊かな「末っ子×協調型」とのつきあいがおすすめです。不安や恐れに打ち克って相手の誘いに乗ることで、才能開花のきっかけがつかめたり、恋のチャンスが生まれたりするはずです。

要注意なのはこのタイプ

おとなしいあなたと陽気でにぎやかな「中間子×協調型」ではなかなかフィーリングが合いません。そのうえ、あなたはデリケートなので、相手の不用意な一言に傷つくことも少なくなさそう。つきあうなら、気を強く持つ必要があります。

人づきあいがしんどいときの三つのつぶやき

人間関係に疲れた……しんどい……。誰にでもそんなときがあるものですが、一体どうすればいいのでしょうか。「しんどい」から解放されるための人間関係への苦手意識をなくす方法、自分自身を変える方法を紹介します。

人間関係にストレスやコンプレックスを感じてしまうわけは？

おもな原因は、
①怒りを抱えている
②自分の「法律」が厳しい
③劣等感
この三つです。

まず、①の「怒り」。これは、相手に対する期待とも言えます。この期待が大きいほど、期待通りの行動をしてもらえなかった場合、悲しみや怒りに変わります。でも、これは勝手に期待しているんですね。そして、その期待を作り出すのが、②の自分の「法律」です。これは、「こういうときには、こうするべき」「そういうことは、すべきではない」という、自分の中だけの決まりごとです。

この決まりごと、破ってはいけない戒律が多い人ほど、人間関係にイライラして、人づきあいがしんどくなります。イライラして他人を攻撃したり、思い通りに動かそうとしたり、それでも動いてくれないから「もういいや」と人づきあいを避けるようになったりします。

最後が③の「劣等感」です。劣等感とは、「自分が人より劣っている」と思うことはもちろん、「自分が人からどう思われるだろう」と気にしたり、「自分は人の期待にこたえられない」といった罪悪感だったりもします。だから、人とかかわるのが怖い。かかわると、その部分が刺激されてしまうからです。

そして、それらの一番根底にあるのが「自分は人から嫌われている」という思いです。実はこれはおもに幼少期の体験からくる勘違いなのですが、多くの人がそう思い込んでいます。コミュニケーションに対する苦手意識を根本から変える方法は、この「私は嫌われている」の思いを終わらせることなのです。

心理カウンセラー **心屋仁之助**

こころや じんのすけ＊1964年生まれ。「魔法の言葉」を使った独自のカウンセリングで、「性格を変える」「自分を好きになる」サポートを行う。『「好きなこと」だけして生きていく。』(PHP研究所) など著書多数。

三大「しんどい」から解放されよう

多くの人が「しんどい」と訴える三つの例と、その対処法を紹介します。

① 人とのつきあいを自分から断ってしまう

「嫌われた！」「避けられた！」と感じて、それ以上の人間関係が怖くて踏み込めないことがありませんか？　嫌われたままなんて耐えられない、だったら私から決別しよう、と急に冷たい態度をとることで人間関係を断ってしまう。でも、そういうパターンを繰り返すことで自己嫌悪に陥ってしまうという例がとても多く見られます。

　こういった場合、まず冷静に考えないといけないのは「嫌われている」のは本当なのかどうかということです。実際は「嫌われた気がする」ということが多いのですが、「だってメールの返事がないし」「避けられてるし」という「証拠」をたくさん揃えてしまっているのです。

　でも、その証拠は、嫌われているという前提で見るから、「そう見える」ようになるものです。調子のいいときなら「まあそんなこともあるよね」と流せることも、こころに深く突き刺さる。そんなとき、とても効果的なおまじないがあります。それは「嫌われてないかも」というつぶやきです。「嫌ってないよ」という「新しい証拠」が集まり始めますよ。

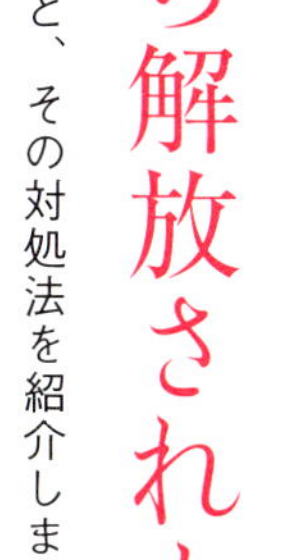

「人と深くかかわるのが“しんどい”」ときは

▼**「嫌われてないかも」**

② 人を許せずイライラする

「なんであの人は、この場面でこういうことをするの？」「なんで、もっと気を遣えないの？」と、他人の言動にイライラすることはありませんか？　ほかにも、こちらの言っていることをまったく理解してもらえなかったり、逆に誤解されたり反論されたりで、イライラが倍増するパターンもあります。

　この場合の対処法としては、まずは「自分の中の法律をゆるめる」ということがあります。自分の中の法律、「〜すべき」「〜すべきでない」「〜しなければ」。これを、心理学の世界では「禁止令」「命令」と呼んでいます。これらは、おもに幼少期に親から教えられた価値観です。普通とか常識というものです。これらが、「してはいけない」という自分だけの法律になっていきます。

またそれを他人にも期待します。自分が「してはいけない」と思っているものや「こうすべき」と思っていることの反対の言動を目の前でとられるから、イライラするのです。その常識は「自分だけのもの」として、「あの人はあれでいいと思っているんだ」と受け止めてみてください。

「人を許せなくて〝しんどい〟」ときは

▼**「あの人はあれでいいんだ」**

3 相手の考えていることが気になって動けない

「自分がこれからすることや言うこと、また、過去に自分の行なったことは、相手にどう思われているんだろう」「私は相手の期待通りに楽しませられているんだろうか」と不安になることはないでしょうか。そして、それが怖くて、人づきあいを最終的に投げ出してしまったり、必死になってがんばって苦しくなるというパターンです。

こういう場合の対処法を考える際に必要なのが、自分の親子関係を振り返ることです。親から実際に何かを期待されて育った場合や、自分が何かをしたときによく褒められていた場合、「その期待にこたえるという癖」が身にしみついています。手を抜いて失敗したり、がんばっても期待にこたえられなかったときの相手のがっかりした顔を想像してしまい、なかなか手を抜けず「見捨てられる」「嫌われる」へと発展させてしまう癖があるのです。その癖が残っていると、自分で勝手に期待を背負います。誰もそこまで期待していないのに。

そんなときは、「誰も期待していない」「期待にこたえなくていい」とつぶやいてみてください。驚くほど楽になれることがあります。

「相手の反応を気にして〝しんどい〟」ときは

▼**「誰も期待していない」**

第2章

一緒にいて楽しい人と疲れる人のつきあい方

人づきあいとは、なんと難しいものでしょう。
相手が「疲れる人」なら尚更です。
様々な分野で活躍される方々に、
人づきあいの秘訣をお聞きしました。

作家

阿川佐和子

Sawako Agawa

「決めつけない」ことが人の心を開く

interview

週刊誌で対談ページ（週刊文春「阿川佐和子のこの人に会いたい」）の連載を始めて、もう二〇年以上になります。この仕事だけで一〇〇〇人あまりの方にインタビューさせていただいた計算です。では、さぞや聞く力が高まっただろうと思われがちですが、とんでもない！　対談の前にはいまだに緊張してビクビクどきどき。「さあ、いっちょう私が聞き出してやるか！」と腕まくりするような余裕はありません。

そもそも私は、「そこんとこ、どうなんですか?」と鋭い質問をぶつけたり、「そりゃ違うでしょう?」などと議論を仕掛ける、なんて度胸はないんです。基本的に、相手の方に心地よく話していただきたい。「まあ、コイツになら、こんな話もしてやるか」という気持ちになってくだされればありがたい。そこから、具体的で興味深いお話がうかがえればいいと考えています。

勝手に「壁」を作らない

そのために心がけていることの一つが、先入観をもたないことです。もちろん、あるんですよ。あの人ってなんか怖そう、気が合わないかも、イヤなやつだったらどうしよう……なんて。でも、会う前から勝手にこちら側で壁を作っていたら、相手も身構えてしまいます。だから、入ってくる言葉は、なるべく素直に受け入れようという気持ちでのぞむようにしています。

たとえば、もし「私、仕事というものは、他人を踏み台にしてでも獲得するものだと思います」なんて人がいたら、「うわっ、イヤだ。この人とは友達になれない」と思ってしまうかもしれません。「食事なんてエサですからね。死ななきゃ、何でもいいんですよ」なんて人がいたら、食べることが生き甲斐の私など、「ダメだ、この人とは絶対結婚できない」と思ってしまうかもしれません。べつに結婚してと頼まれてもいないですけどね（笑）。

でも、そんなときも「へえ、そうなんだ」と、とりあえず受け入れてみる。すると、「どうしてそんなふうに考えるようになったんですか?」「それで苦しくなることはありませんか?」などと、どんどん聞きたいことが出てくるんです。自分とはかけ離れているからこそ、逆に興味がわく。そうやっていろいろお話をうかがっているうちに、いつのまにか、その方を尊敬したり、すっかり好きにな

取材・文：金原みはる

ったりしている。

対談が終わった後、同行したスタッフに私がよく言うのはこの言葉です。

「いい人だったね！」

始まる前には、怖気づいて「帰りたい」なんて言っていたくせにね（笑）。

そんななか、たまに対談をしたお相手のご家族や関係者の方から、「普段は無口なんですよ。あんなにしゃべるのを見たのは初めて」などと言っていただくことがあると、天にも昇る気持ちです。「どうしてそういうことになったのか」と聞かれても、よくわかりません。

ただ、逆に自分がインタビューされる立場になったとき感じるのが、質問されるとは、〝自分の内側にある引き出しを開けてもらうようなもの〟だということです。

「自分の引き出し」を開いてもらえる楽しさ

相手の質問によっては、「そうか、私ってこんなことを考えていたのね」と、思いもしなかった引き出しが開くこともある。「そう言えば、あんなこともあったわね」と忘れていた引き出しが開くこともある。そんな聞き手と一緒だと、つい次から次へとおしゃべりしてしまうのです。

あがわ さわこ＊小説・エッセイの執筆やインタビューなどで活躍。著書に『聞く力』（文藝春秋）、『正義のセ』1～3（角川書店）など多数。

ですから、きっと、聞く側になったときは、質問という形で、引き出しを開けるヒントをたくさん出せればいいのだと思います。

「それはどうして？」「へえ、それ面白い。なぜかしら？」など、小さな疑問やひっかかりを見つけたら、とにかく素直に質問を重ねていく。決して、「それはこういうことですね？」などと決めつけないことが大切です。

「きょうはいろいろ話せて楽しかった」。対談相手にそう言っていただけるのが、私にとって一番の励みです。

私自身は、ダメなところだらけで、落ち込みやすい人間です。誰かに叱られただけで、全人格を否定された気分になって、できれば布団をかぶって寝ていたい……。でも、そんなときでも、人と会えば必ず何かパワーをいただける。私自身もなぐさめられてきて「頑張らなくっちゃ！」と思えるのです。こんな瞬間があるから、この仕事をやり続けてこられたのだと思います。

出会う技術&つながる技術

人づきあいの上手い下手は、「性格」の問題ではなく、実は「技術」の差。誰でも使える、いい人と「出会う・つながる・関係を維持する」ための技術をお教えします。

衿野未矢

えりの みや＊1963年生まれ。立命館大学卒業後、漫画誌の編集者を経て、作家に。著書に『“48歳、彼氏ナシ”私でも嫁に行けた！』（文藝春秋）などがある。

20年以上にわたって、数多くの人に取材を重ねてきた中で、「人づきあいが苦手だ」という人には共通項があると実感してきました。それは「苦手なのは自分の性格のせいだ」という思い込みです。

実を言うと、私もこう考えていました。

「話題が途切れるのが怖くて、いつも緊張している。初対面の人がいる場は、つい避けてしまう。ああ、もっと社交的で積極的な性格に生まれたかったなあ……」

それが誤解だと知ったのは、雑誌の編集者になってからです。社交的でも積極的でもないのに、豊富な人脈を持つ先輩たちの姿に驚き、やがて気づいたのです。

「人づきあいが苦手なのは、性格に問題があるからではない。単なる技術不足だ！」

技術を自分なりに法則化し、実践することによって、苦手意識は解消されました。さらには社会人サークルを通じて知り合った相手と、49歳で〝オトナ婚〟に成功。その技術の一端を、ここでご紹介いたします。

技術
1 まずは出会いの場に足を運ぶ

「最初の一歩を踏み出す」

何事も、それが最も難しい。しかし逆に言えば、「足を踏み出しさえすれば、あとはどうにかなるもの」です。

どうすれば人と出会えるのか。私が人脈を広げる場は、①知人が主催するパーティーやイベント、結婚のお祝い会、お花見など。②社会人サークル、異業種交流会、大学校友会などの集まり。③インターネットで見つけた「蔵元を囲む日本酒の会」や「江戸城ウォーキング・イベント」などの趣味の集まり。

こうした場に参加するのは、基本的に「誰かとつながりたい」と思っているタイプの人です。必ず「仕切りの達人」がいて、初参加の人をフォローしてくれるものです。

機会を見つけるためには、まず「興味のあること」をリストアップしましょう。俳句、下町めぐり、料理、テニス、卓球、マラソン……それらをインターネットで検索する、知人に話すなど、アンテナを立てるのです。

インターネット経由であれば、警戒心をしっかり抱いておいてください。掲示板などの書き込みを、過去にさかのぼってチェック。攻撃的な言葉の応酬があったりしたら、避けたほうが無難です。

技術
2 「また会いたくなる私」になる

次に、「初対面の相手に、話しかけられやすい人」になることを目指しましょう。

服装は、気合いを入れすぎると緊張するから、勝負服よりも着慣れたコーディネートで。

自己紹介タイムがあれば、主催者とどんなかかわりがあるかなど、「私がここにいる理由」を説明すると、相手が話題のきっかけを見つけやすくなります。

重要なのはアイ・コンタクトだから、「うつむかない」「目が合ったら軽い会釈」、そして「笑顔をキープ」。

おすすめしたいのは、事前のリハーサルです。会場に直行せず、洗面所の鏡に向かって、ニッコリと笑いかけてみる。ついでに「こんにちは！」と、発声練習もしておきましょう。

誰かに話しかけられたら、「何を答えるか」よりも、「どんな態度を示すか」が大切です。

とっさに言葉が出てこなくとも、相手に身体を向け、視線を合わせれば、「あなたに話しかけられたことを歓迎しています」というメッセージはちゃんと伝わります。

天気やニュースの話は、通りいっぺんに終わってしまいがち。出身地や趣味、主催者との関係など、具体的なキーワードをいくつか出してみましょう。相手が反応を示せば、それが会話のネタになります。

別れる前に、たとえば「興味深いお話でした。もっと深く知りたいこともあるので、メールしてもいいですか？」など、次につながる一言を。目的がはっきりしていれば、連絡先も聞きやすくなります。異性が相手なら、誤解されないよう、「また会いたい理由」を明確にしたほうがいいでしょう。

社会人サークルなどの集まりに初めて参加したとき、感触がベストでなくとも、「一回限り」にするのはもったいない。人の集まりは生き物です。毎回、ノリや雰囲気が違います。迎える側も、「初対面の相手」と「二度目に会う人」とでは、態度が変わってきます。

心がけたいのは、「期待しすぎないこと」。連絡先を渡したのに相手はくれなかった、お礼のメールを送ったけれど返信がない。そうした空振りは、「まあいいか」とスルーするのです。ちょっぴり話しただけで、あなたの全人格が理解されるはずがありません。タイミングが合わなかったのだろう、あるいはつい忘れているのだと、受け流しましょう。

それに、たとえ空振りでも、あなたが初対面の相手と会話を交わし、発信をしたという実績は残ります。つまり、「人とつながるための技術」は、確実に上がっているのです。

技術 3
小技で大事な関係を維持する

「年賀状だけのつきあい」と言うと、浅くてむなしい人間関係のようなイメージがありますが、私は逆だと思います。年賀状という、すぐれた人づきあいツールでつながっている相手の層が厚くなれば、その中から、親しくなれる相手がきっと見つかります。

私が活用しているのは、旅先からの絵ハガキ。自分が受け取れば、「旅先で私を思い出してくれたのか！」と嬉しくなるし、メールのように返信を強要されているような気になることもないからです。

名刺や年賀状を整理して「疎遠になっているが、つながりを維持したい人」をリストアップします。住所をパソコンに打ち込み、宛名シールにして持ち歩けば、より手軽に発信ができますね。

会を企画し、リストにある人を誘うこともあります。難しく考えることはありません。日時と場所を決め、「春の山菜を楽しむ会」と名前をつければ、イベントが成立します。

誘われる側も、「あなたに会いたい」と言われたら身構えますが、「こんな会を開きますが、いかがですか？」ならば断りやすい。そして断りやすい誘いとは、実は「気軽に参加しやすい誘い」でもあります。

性格を変えるのは容易ではないけれど、技術を上げるのは可能です。最初は受け身で「話しかけられるのを待つ」でも、経験を重ねれば、「最初の一歩を踏み出す」や、「人を誘う」「めざす相手と親しくなる」などが、気軽にできるようになりますよ。

言葉を超えた行動が一緒にいる人を幸せにする

interview

「森のイスキア」主宰

佐藤初女

Hatsume Sato

青森県の岩木山のふもと、標高四〇〇メートルの地で、「森のイスキア」と命名した木造の小さな建物を拠点に、ささやかな活動を続けています。

仕事や人間関係、病気などで悩みや苦しみを抱えた人、このままでいいのかと人生に迷った人……。ここにはいろいろな方が来られます。みなさん、救いを求めているのですね。どういう事情の方もお迎えしたいと思っています。「苦しみがなくてもいいんですか?」と時々お問い合わせがありますが、ご希望ならどなたでもお待ちしています。

でもね、私は特別なことは何もしていないんですよ。ただ、そばにいてお話を聞くだけです。聞くときは、最初は、こちらが緊張しないように心がけます。はじめてお目にかかる人が大半です。自分が緊張すると、相手もリラックスできませんからね。そのうえで、その方たちが話したいことや思っていることを全部受け入れて、「そうなの」「それは大変でしたね」と、理解を示します。

途中で「それはあなたが間違っている」とか「私だったら、こうするのに」とは言わないし、そういう自分の考えはまず頭に浮かべないようにします。心を空っぽにするの。空っぽにして、相手の言っていることだけを素直に聞くんです。そうすることで、「自分を受け入れてもらった」と感じてもらえるようです。安心感や親近感がうまれて、次から次へお話をしてくれるようになるんですよ。

どんなに悩んでいる人も、本当は、どうすればいいか自分でわかっているのだと思います。たいていの人が、話すうちに自分の言葉で何かに気づき、自分で答えを見つけていかれます。それで「とても楽になれました」とおっしゃる人が多いんです。

「食べる」ことを大切にしてほしい

それから、私の場合は食べることが好きでしょう。たとえ一時間や二時間程度の滞在でも、朝昼晩三食のどこかの食事時間と重なります。だから「一緒に食べましょう」とすすめます。贅沢なものはありませんが、この土地で採れた季節の材料を使い、心を込めて料理します。力を貸してくださる方がいて、昨年からは、この「森のイスキア」にも畑ができたので、新鮮な材料がそろうと思います。

でも、まだ心がかたい人は、たとえばおむすびをだしても食べられない。「なかに何が入っているんだろう、どうやって握ったんだろう」と相手を信頼できないのでしょうね。そういう人はなかなか安らぎを得ることができません。だから、食べてくれただけでも私は「ああ、よかった」と安心します。さらに食べて「おいしい」と感じられれば、その人はもっと心が落ち着いて、苦しみから抜け出せるようになるはずです。

　自然の食べ物には、米粒一つ、野菜一つにいのちが宿っているでしょう？　食べることは、そのいのちをいただくことだと思っています。私のおむすびを食べて、自殺を考えていた人が元気になったこともありました。そのぐらい、〝食〟は大事なのですね。ですから、それぞれのご家庭のなかでも、食べることを大切にしていただきたいの。どんなに忙しくても、できるだけ自分でお料理しましょう。そして、お料理するならおいしく作りましょう。難しいことじゃないんですよ。自然の材料はいのちあるものだから、感謝の心で大切にあつかえばいいのです。

さとう　はつめ＊1921年、青森市生まれ。小学校教員などを経て、83年、自宅を開放して「弘前イスキア」を開く。92年、岩木山麓に「森のイスキア」を開く。

ていねいな食事が安らぎを生む

　たとえばね、私は大根やにんじんの皮をむくときは、皮むき器を使っていないのです。包丁で、できるだけ薄くやさしくむくんです。自分が野菜だったら、乱暴にされたら痛いもの。それからキャベツなどの葉野菜は、包丁で切らずに手でちぎるといいんですよ。お箸でつまみやすくて、口に入れやすいぐらいの大きさにね。手でやるとちょうど繊維にそって割れていくから、味がしみこみやすくておいしくなるんですね。そのように一日三度の食事をていねいに心を込めて作ること。ただそれだけで、家族やまわりの人は安らいでいくのだと思います。

　よく、私はこんなことを話してきました。「言葉を超えた行動が魂に響く」。「ああしなさい」「こうしたらどう」と口で言うより、毎日の行ないの積み重ねが大事なんですね。

　最近は、私の講演会にも、若い人たちがよく来てくれます。ホッとして安心できる、お母さんのような存在を求めているのだそうです。人はひとりでは生きられません。みんな誰かの存在が必要なのですね。私はクリスチャンなので、その誰かとは神様です。神様と一緒にいると思うから安らかなのです。もちろん、何かの宗教の信者になりなさいということではありません。みなさんも、いつかきっと、私にとっての神様のような存在の人と出会えるはず。ひとりぼっちではないのです。ですから、悲しまず毎日をていねいに生きてください。そして、おいしいごはんを作って食べることを忘れないでください。

essay

「心安らぐ人」は類型じゃない

小説家 **柴崎友香**
しばさき ともか＊1973年大阪生まれ。2010年、『寝ても覚めても』（河出書房新社）で第32回野間文芸新人賞受賞。2014年、『春の庭』（文藝春秋）で第151回芥川賞受賞。

とある打ち上げ的な席でのこと。参加者の一人の友人グループが近くにいるというので、合流することに。ほどなくして、どやどやと五人ぐらいの人たちがお店に入ってきた。先頭の男性は快活な雰囲気で、リーダーっぽい感じだった。テーブルの向かいあたりに座りだした彼らの様子を、わたしの隣でじっと見ていた友人Aちゃんが、小さな声でぼそっとつぶやいた。

「あーあ、めんどうなのが来た」

一瞬、Aちゃんも彼らのことを元から知っていたのかなと思ったが、どうやら初対面らしい。すでに飲んできた彼らは、大きな声で楽しそうにしゃべり始めた。最初は、おもしろい話もあったので、笑って相槌など打っていたが、そのうちになんだかその場の空気がかみ合っていないような、妙な気配になってきた。リーダーっぽい男性が、あの人のことほんとは嫌いなんでしょ、などわざわざ答えにくいような質問ばかり振ってくるし、仲間たちの失敗談や欠点を笑いを取るために使う。失敗談を使われている人たちが、妙に低姿勢なのも気になる。

店の前で解散し、Aちゃんと電車に乗ったところで、わたしは言った。

「Aちゃんの言う通りだった。なんだかものすごく疲れた」

「えー、あんなのすぐわかるよ。入ってきた途端に親分風吹かしちゃって。ああいう人はうっとうしいだけだね」

Aちゃんの人を見る目の鋭さに深く感心した。あのリーダーっぽい人は、その場の主導権を握りたいんだろうな、と思う。どこにいっても自分が中心に立って、周りの人が従う状況を作りたいんだろうな、と（同時に、すぐ気づいて近寄らないようにしていたAちゃんの、ある意味動物的な勘に従って動くところは、いっしょにいておもしろい）。

これとちょっと似た現象で、とにかくなんでも自分の話に持っていってしまう人、というのもある。バラエティ番組の影響か、いわゆる「鉄板ネタ」をいくつも持っていて、とにかくそれを披露する機会をうかがっている。

そんなにしゃべるタイプではない人が気になることを言っ

て、そこをもっと聞きたい、と思っても、横から入ってきて「○○といえば、このあいだ……」と持ちネタに誘導する。確かにおもしろい話だし、それなりに話芸を磨いてもいるのだが、それがいっそう、「いつもこの人のネタを聞いて終わってしまう」状態を作る。しかも度々会う人だと、何度も同じ話を聞く羽目に……。結局、他の人の話を聞くタイミングを逃したまま、会が終わってしまうのは、ほんとうにもったいない。

それから、「○○さんは英語が得意だからいいね」「やさしい彼氏がいて羨ましい」と、人のことを褒めているようで、そのあとに必ず「自分はそんな才能ないから」「わたしには無理」など、自分についてネガティブなコメントが続く人も困る。

「そんなことないよ」とフォローするのも白々しいような気もするし、なにを言えばいいのか困ってしまう。自分はやってみもしないのに他の人を羨んでばかりいるのは、実は、他の人の努力を「もともとできる人だから」にすり替えてしまう行為なんじゃないかとも思う。

と、こういうのは自分も思い当たるところがあるから気になるのであって、自分がしゃべりたいことだけを話してしまったり、人を羨んで自分と比べるようなことばかり言ってしまうことがある。

数年前、喫茶店で、友人Bちゃんに、ぐだぐだした話を聞いてもらっていたら、

「言い訳ばっかり言うのは、本気でやる気がないだけ。ほんとは別にこのままでいいって思ってるんじゃない?」

とあっさり言われた。それを聞いたとき、わたしは半年以内に引っ越そうと心が決まり、実際に大阪から東京に移った。

Bちゃんは、いつも迷いがないし、過去を後悔したり、人の言動を根に持つこともまったくない。口が悪いので人によっては好き嫌いがあると思うが、そんな性格も自分でよくわかっていて、「あの子からはしばらく連絡ないけど、きっとわたしが余計なこと言うたんやろな。しゃあないわ。もし会いたいと思ったらまた話せると思うし」と言ってしまう。

その正直さというか、こだわらなさは、わたしにとってはとても気楽というか、ほっとする。

疲れる人は、こんなタイプあんなタイプと類型が浮かんでくるが、心安らぐ人のほうは、具体的な人の顔や会話が思い出される。

こんな人だから一緒にいる、と条件でつき合っているわけではなくて、一緒に時間を過ごしている中で、こんなところが落ち着くな、とか、そういえば疲れるってことはないな、とか、思うものなのかもしれない。

「黒い感情」の扱い方

苛立ち、嫉妬、恨み……。他人への厄介な感情は、誰の心にも存在するものですが、自分自身をも蝕んでしまいそう。そんなどす黒く渦巻く感情の扱い方を紹介します。

心理カウンセラー **植西 聰**

うえにし あきら＊「心理学」「東洋思想」「ニューソート」などに基づいた「成心学」理論を確立。著述やカウンセリングで活躍する。『人生からへこんでる時間が減る習慣』（青春新書）、『すぐ傷ついてしまう自分を強くする方法』（廣済堂出版）など著書多数。

誰の心にも黒い感情は存在する

すべての物事には、陰と陽があります。

それは人の心も例外ではありません。人の幸せを祝福する気持ち、人を大好きになる気持ち、誰かと一緒にいてウキウキする気持ちがある一方で、他人を妬んだり、恨んだりしてしまうときもある。でも、「こんなことを考えてはいけない」「私はなんて心の狭い人間なんだろう……」というふうに、自分を責めたり、その気持ちに蓋をしたりする必要はないのです。大切なのは、そういう気持ちを感じてしまった後、自分がどういうふうに行動するか、ということです。

「言霊」という言葉もあるように、すべての言葉にはパワーがあります。そのため、攻撃的な言葉や、聞いた人が傷つくような悪口を口にすれば、その言葉の持つマイナスのエネルギーが、言われた人と言った本人の両方の身に降りかかり、自分自身の運気を落とすことにもつながってしまいます。

それだけではありません。自分自身が言った「あの人って本当にムカつく！」「あなたはいいわね、それに比べて私は本当に何もできなくて……」といったマイナス

の言葉が自分の耳から入ってくることで、自分の心が刺激され、さらにマイナスの感情が湧いてくるという負のスパイラルにも陥りやすくなってしまいます。

また、心に湧き上がってくる感情のままに、他人の悪口を言ったり、グチをこぼしたり、相手を攻撃したりするようだと、「あの人はいつも不満そうな顔をしている」「一緒にいると疲れる」「気難しい人だ」というように、自分の評判を落としてしまうことにもなりかねません。

そのような人の人生は、次第に暗いものになってしまいます。

ポイントはネガティブな感情をアウトプットしないこと

では、ネガティブな感情が湧いてきたとき、私たちはどうすればいいのでしょうか？

ポイントの一つは、その感情を言葉や態度として、すぐにアウトプットしないようにするということです。

先ほども述べたように、悪口や不満を言葉にすると、それだけでマイナスのエネルギーが倍増します。

たとえば、何かまずい食事を食べたときに、心の中で「まずい」と思うだけの場合と、「まずいなあ」と独り言を言ったときと、それを作った人に「この料理、まずいんだけど……」と文句を言ったときとでは、そこから発せられるマイナスのエネルギーに大きな差があります。

言うまでもなく、心の中で「まずい」と思っただけのときより、口に出したり、人に言ったりしたときの方が、自分のマイナスのエネルギーは大きくなっています。

ネガティブな感情はプラスの感情で打ち消すことができる

冒頭で、誰の心にもネガティブな感情は存在していると言いました。それにもかかわらず、いつも楽しそうな人とそうでない人とがいるのは、ネガティブな感情が湧いたときに、その気持ちを小さいうちに消しているか、反対に、それを大きくしてしまうかの差といえます。

いつも楽しそうな人は、嫌いな人がいても、「あの人、イヤな感じね」と思うだけで、そのことを相手に言ったり、誰かに言いふらしたりすることがありません。

それだけでなく、楽しそうな人は、「あの人、イヤな感じ」と思っても、「そんなことより、もっと楽しいことを考えよう」とすぐに気持ちをプラスの方向に切り替えることができます。

そのため、楽しそうな人の心の中ではマイナスの感情が湧いてもプラスのエネルギーがそれを打ち消し、常にプラスのエネルギーで心が満たされています。その結果、プラスのエネルギーがプラスの出来事を引き寄せるという、ハッピースパイラルを招くことができるのです。

自分の気持ちを客観的に表現してみる

「私は気持ちの切り替えが苦手です」という人には、次のような方法をおすすめします。それは、自分の心にネガティブな感情が湧き上がってきたら、その気持ちを客観的に見てみるということです。

誰かに嫉妬したときは、「あの子はずるい！」と言うのではなく、「私は今、あの子に嫉妬しているな～」と言ってみます。

誰かをバカにしたくなったときは、「あの子、バカみたい！」と言うのではなく、「私は今、あの子のことをバカみたいって思おうとしているな～」と言ってみます。すると、自分の気持ちに飲み込まれることなく、冷静な気持ちを取り戻せるようになるでしょう。

以前、ある女性から、「近頃、イライラしてどうしようもないんです」と相談を受けたことがあります。そのときに私は、「『イライラしてはいけない』と思ったり、『あ、イライラする！』と口に出して言ったりする代わりに、『私は今、すごくイライラしているな～』と言ってみるといいですよ」とアドバイスしました。

その彼女から後で聞いた報告では、「ああ、イライラする！」と言っていたときは、イライラした気分が大きくなる一方だったのに、「私は今、イライラしているな〜」と言うようになったら、「まあ、そんなにイライラしないで……」というもう一つの感情が自然と湧いてきて、以前よりずっと早く、冷静な気持ちを取り戻せるようになった、ということでした。

ネガティブな感情を書き出して燃やすという方法も

「それでも、どうしてもネガティブな感情が心から消えない」という人は、その言葉を文字として書き出してから、燃やして物理的に消してしまうという方法もあります。

やり方としては、心の中に溜まっているネガティブな思いをすべて、紙に書き出します。誰も見ていない場所で、誰にも遠慮せず、気持ちを吐き出してしまってください。それができたら、今度はその紙を燃やします。

そして、その紙が燃えていく様子を見ながら、自分の心の中のネガティブな感情も消えていくことをイメージするのです。すると、モヤモヤしていた気持ちがスッキリするでしょう。

世の中、すべてが思うようになるとは限りません。マジメに生きている人ほど、ストレスを感じたり、黒い感情に悩まされたりすることもあるでしょう。

そんなとき、このようなネガティブな感情の対処法を知っておくことで、悩みが大きくなるのを防ぐことができます。

それと同時に、日頃から自分の心が喜ぶことをする時間を持つ、健康的な生活を送るなど、心にプラスの感情を増やす習慣を持つようにすると、黒い感情に振り回される機会が減っていくことでしょう。

essay

人間関係にも「保留ボタン」を。

尾形真理子
おがた まりこ＊1978年生まれ。コピーライター。2001年に博報堂へ入社、LUMINEや資生堂などの広告を手がける。著書に『試着室で思い出したら、本気の恋だと思う。』（幻冬舎文庫）がある。2015年より博報堂が発行する雑誌『広告』編集長。

「好き」か、「好きじゃない」か。

あくまでも自分の中だけの基準であるが、人に対して、わたしはこのふたつしか持っていない。とりあえず家族や仲の良い友だちなどは、「好きの殿堂入り」である。どんなに気に食わないことを言われても、しばらくは顔も見たくないと思っても、「好きじゃない」には入れないことを前提にしている。

反対に「人は良いんだけど、あの仕事のやり方はちょっと……」となると、「あんまり好きじゃない」に属することになってしまう。もちろん顔には出さないが、誰だって好きな人と一緒にいた方が心地良いわけで、「好きじゃない」が増えると自分がしんどくなっていくだけだ。理屈ではわかっていても、誰しもを「好き」でいるのは至難の業だ。

＊

30を過ぎてから、このふたつの基準で人を判断することに、居心地の悪さを感じるようになった。社会人として経験を重ねるにつれて、自分がフロントに立って相手と対面する機会が増えてくる。友だちだって結婚したり、子育てしていたり、それぞれの境遇を抱えるようになっている。夫婦同伴、常時子連れ。人が増えていけば、関係性も多様になり、立場が違えば、そのぶん「ん？」と感じてしまうようなこともある。自分の思い通りにはならない状況は、これからもっと増えていくだろう。

そこでいちいち「好きじゃないかも」になっていたら、あっという間に貧しい人間関係になってしまう。「好き」

になる努力をしたいと思っても、感覚が先行するものだから、コントロールが難しい。そして気づけば、自分に都合のいい人ばかりを「好き」でいるような、つまらない人間になってしまう。

＊

これはまずいとまわりの人を見てみると、どうやら「どっちでもない」という基準が、世の中にはあるらしい。「好きな人間も嫌いな人間も、そんな滅多にいるもんじゃない」というクールな意見もあった。その場合、ほとんどの人間が「どっちでもない」に属することになるのだろうか。それがどういう心持ちなのかは、いまいちわたしには掴めないのだ。

そもそも「どっちでもない」なんて、「好きじゃない」以上に距離のある、どこかひんやりした感情に思えてしまう。「好き」にも「好きじゃない」にも当てはまらない人は、「どうでもいい」と同義ではないのか。「嫌い」って言われたほうがまだ血が通っている関係な気がする。

＊

そう思いながらも、他のものに置き換えてみると、わたしにだって「どっちでもない」はたくさんあるのだった。

たとえば銀座。思い入れがある場所でもないけど、ぶらぶら歩くのは楽しいなぁ。たとえば地下鉄。景色は見えないけど、何かと便利だなぁ。たとえばトマト。おいしいと思えないけど、栄養はありそうだなぁ。

これらは「どっちでもない」というよりは、「好き」かどうかなんて考えたことがないものばかりだ。「どうでもいい」わけじゃないが、単純に「そういうもんだ」という感覚。この感覚は人間関係においても、応用できるのではないかと思った。

＊

結局のところ、わたしにとって「好きな人」が最上位の価値になっているからこそ、「この人は好きかどうか」に焦点がいくのだ。それが人間関係を疲れさせる。

「どっちでもない」ができないかわりに、自分の中で「好きかどうか」を、すぐに判断しないことにした。人と接するときに、「ふーん、この人はこういう考え方をするんだ」で、まずは留めておく。誰かの悪口を聞いても「ふーん。そんなことがあったんだ」で、保留。心を無理に閉ざすわけではなく、「ふーん」と思いながら、とりあえず電話の保留ボタンを押しておく要領だ。

わたしはこの保留ボタンを持つようになって、人間関係がちょっと楽になった気がする。自分の中で少しずつ「好きじゃない」が減ってきて、そのぶん「好き」に縛られることも少なくなった。勝手に人を、自分の中の「好き」にも「好きじゃない」にも押し込まない。そうすることが、これからの人間関係を広げる可能性になるのではないか。遅ればせながら、そんなふうに考えるようになった。

疲れる男性との上手なつきあい方

職場や家庭で男性に振り回されてしまうことは、よくあるもの。「疲れる男性とのつきあい方の悩み」について、男女それぞれの視点から、スッキリ解決法を教えます。

小説家、タレント 室井佑月

むろい ゆづき＊1970年生まれ。雑誌モデル、レースクイーン、女優、高級クラブホステスなど様々な経歴を持つ。小説、エッセイを多数発表している他、テレビ・ラジオのコメンテーターとしても活躍中。

作家、詩人、道化師 ドリアン助川

どりあん すけがわ＊1962年生まれ。深夜ラジオ番組『ドリアン助川の正義のラジオ！ ジャンベルジャン！』（1995～2000年）は中高生の間で話題にのぼり一種の社会現象に。現在は、作家、また歌う道化師としてパフォーマンスを行なっている。

相　談

職場の上司編

男性上司がイヤで……

私の上司は最近東京の本社から異動してきたばかりで、年齢は私より少し下なのに、常に「上から目線」。ものを訊ねるときですら「命令口調」なので腹が立ちます。こんな人物が上司では職場のモチベーションも下がってしまいます。今の仕事は好きなので、私はまったく辞める気持ちはありません。なんとか彼の態度を改めさせる方法はないでしょうか？（Rさん・39歳・会社員）

室井先生の回答

ないね。人の気持ちを変えるのは、とても難しいことなんです。

なので、この場合のあなたの選択肢は、

1、上司の態度には目をつむり、同じ職場で働きつづける。

2、上司の態度が気に入らないから、思い切って、仕事を変える。

その二つしかないと思う。

意地悪して上司を辞めさせようとしても、逆にあなたが辞めさせられることになるだろうから、そういうことは絶対によしなさいね。いや、マジで。

だってさ、よく考えてみてよ。なぜ彼はあなたより年下で上司なの？　なぜ彼は東京本社に勤務していたの？　出来る人だからじゃないの？

会社は友達を作る場所じゃなく、仕事をする場所です。

ですから、気の合わない人とでも上手くやっていくべきです。

常に上から目線なのも、命令口調なのも、会社の上司なんだから我慢しなさい。

べつに、友達になれといってるんじゃないんだからできるでしょ。

上司と上手くやるのも仕事のうちです。

ドリアン先生の回答

人類のために仕事をしている。大地とともに生きている。大袈裟かもしれませんが、こうした感覚を持てる人は、春の畑のように温和な姿勢を貫けるものです。逆を言えば、偉ぶる人ほど小人物、自信がない分だけものの言い方が威圧的になるのです。

おそらくはその上司、さほどの器ではないのでしょう。心が小さいから、はじめが肝心とばかりあなたを言葉や態度で制圧しようとしている。こういう男、いるものです。可哀想な人なのですが、本人は自分の哀れさに気付いていない。

ならば、彼のやり方に翻弄されるだけ、あなたは損です。一つ大きな心で、みじめな人だなと思っていればいい。むしろこうした男は飛び越えて、自身の可能性を追求していった方がいいでしょう。仕事が好きだと断言されているのですから、今まで以上に没頭することです。その上司よりも仕事を愛し、有能であることを会社に見せつけてやればいい。

会社は組織である前に人間の集団なのですから、あなたへの支持が増えていけば空気は変わります。その中で初めてその上司は学ぶのかもしれませんよ。いやな奴よりも心を大きく持つ。これ、黄金の処世術です。

相談

父親編

父との不仲を改善したい

父はとにかく、私のやることなすことを頭ごなしに否定ばかり。幼い頃から兄妹の中でも私だけが父と相性が悪く、大学入学と同時に家を出たのですが、今でも帰省するたびに口論になります。こんな男性を見てきたせいか、いまだ独身。それでも、最近体調を崩してしまった母を少しでも安心させたいのです。父との不仲を解消する方法はないでしょうか？

（Hさん・47歳・公務員）

室井先生の回答

いくら親子だからといっても、やっぱり相性ってあると思う。

べつに仲良くなる必要はないけど、お母さんのため、仲良くしているふりくらいはできるでしょ。

そう、仲良くしようと思うから大変なのです。

目標を下げ、仲良くしているふり、しかもお母さんの前でだけ……というなら出来ると思わない？

体調を崩してしまったお母さんのために、たくさん帰省しましょう。

仕事を持っていてそれは難しいのなら、たくさん電話をかけるようにしましょう。

お母さんの体調がどのくらい悪いのかわからないけど、もし入院しているようでも、お母さんの具合を聞くために頻繁に電話をかける。

そうすると、お父さんと話すことになりますよね。そして、お父さんはあなたから電話があったとお母さんに伝えるでしょう。

それでいい。お母さんの手前、表面的には仲良くしているように見えます。

話は変わって、あなたが独身なのとお父さんはあまり関係ないように感じます。

ドリアン先生の回答

厳しいことを言うようですが、過去はもはや時間ではありません。

過去にとらわれ続けると、化石になってしまいますよ。

お父さんとの仲が悪かった。もちろん、そうではない人生の方が良かったでしょう。でも、そのことを今恨んでも、あるいは悔やんでも、あなたにとってプラスにはならないと思います。合わないものは合わないのです。その苦しみを引っ張り続けるより、そこから離脱された方がいいのではないでしょうか。

つまり、前に進むことです。今という時間とともに、あなたが輝くこと。

父親を見続けてきたせいでいまだ独身なのだとあなたはおっしゃいますが、男も千差万別です。父親みたいな人もいるでしょうが、その正反対もごろごろ転がっています。再スタートを切るつもりで、恋だってすればいいじゃないですか。女が輝くのは四十歳からだと、知人のフランス人男性に言われました。その気になれば、いつだって恋愛適齢期です。

母親を少しでも安心させたいのなら、苦闘することではなく、あなた自身が花も実もある人生を手に入れることです。笑顔で毎日を暮らすことです。それが唯一、過去を動かすための方法です。

第3章

一緒にいて楽しい人には理由がある！

ここまで読み進めると、
「一緒にいて楽しい」のはどんな人か、少しずつ見えてきた気がしますね。
本章では、楽しい人になるための方法をお伝えします。
キーワードは、ポジティブ・礼節・自然体・パワーストーンです。

人を惹きつけるポジティブマインド

一緒にいて楽しい人には、ある共通点があります。
それは〝ポジティブマインド〟を持っていることです。
ネガティブな人は、嫌な出来事が起こると自分の殻に閉じこもったり、
相手を責めたりして、周りを疲れさせてしまいます。
一方、ポジティブマインドを持った人は、
日々起こる出来事を前向きに受け止め、明るい未来を信じて行動します。

考え方がポジティブな人は、表情や雰囲気も明るく、人を惹きつけるもの。
言動も前向きなので、一緒にいると相手も楽しく、
多くの人に愛されるのです。
ネガティブな人も「ポジティブマインドを身につけよう」と
意識することで、だんだん変わることができます。
次ページのステップ1から少しずつ実践し、
より前向きで魅力的な人になりましょう。

奥田弘美

おくだ ひろみ＊精神科医。医療知識とコーチングを融合した「セルフサポート・コーチング法」を考案する。『何をやっても痩せないのは脳の使い方をまちがえていたから』（扶桑社）、『ココロの毒がスーッと消える本』（講談社プラスアルファ文庫）など著書多数。

取材・文：粕谷久美子

Step 1

どんな出来事にもプラスの面を見つける

仕事で失敗したり、まわりの人から傷つくことを言われたり……。生きていれば、ときには辛い出来事も起こります。しかし、その出来事は本当に辛いだけの経験でしょうか？

たとえば、会社をリストラされた場合、多くの人は「もう終わりだ」とばかりに落ち込みます。しかし、ポジティブな人は違います。「新しい仕事に挑戦できるチャンスだ！」というように、逆境の中にもプラスの要素を見つけるのです。

一見不幸な出来事の中にも、プラスになる点や学ぶべき点が必ずあります。ポジティブな人は、そこに注目します。

辛い出来事が起きたら、一度冷静になって「この経験から得られる〝学び〟や〝メリット〟は何だろう？」と考える癖をつけてください。

「ちょっと強引かしら」と思うようなこじつけでもいいのです。このようなポジティブ習慣が身につくと、常に表情が明るくなり、その元気なエネルギーに多くの人が惹きつけられるようになるでしょう。

Point

困難から何が得られるか考える
どんな出来事にもプラス面がある

Step2

理想の未来をイメージする

未来の理想像を明確に持っている人は、希望に満ちて言動もポジティブになり、多くの人に慕われます。ぜひ、理想の未来をイメージしましょう。イメージを持つことで、実現のために何をすべきかわかり、願いが叶いやすくなる効果もあります。また、実現の手助けとなる情報や人物が現れたとき、見過ごさずにキャッチできます。

未来のイメージは、心が安定しているときに思い描くこと。心が暗いときは、描く未来も暗くなるものです。ステップ1のように、ものごとにプラス面を見出し、気持ちを明るくしてから未来を考えましょう。

まずは10年後の理想をイメージするのがおすすめ。近い未来だと「叶うわけない」と思考を制限しがちですが、10年後のような遠い未来だと、自由にイメージできるものです。10年後をイメージしたら、それを実現するために5年後はどうなっていたいかを紙に書くと、より具体的にイメージできるでしょう。

Point

イメージが明確だと夢に近づく
10年後と5年後を思い描く

Step3

理想を実現するために行動する

ポジティブで魅力にあふれた人は、「理想を叶えるためには、イメージするだけでなく、行動することが大切だ」と知っています。ステップ2で理想の未来をイメージしたら、実現するために必要な行動を起こしましょう。本やインターネットで情報を探す、人との出会いを求めて出かけるなど、まずは今できることからでOK。最初は小さな一歩かもしれませんが、それを積み重ねることで着々と理想の未来に近づくはずです。

行動することで生活もより充実し、そのイキイキとした姿にまわりも魅了されるでしょう。

また、行動することによって、人脈も変わってきます。人間は自分とまったく違う価値観の人と一緒にいると居心地が悪いため、同じ価値観を持った者同士で仲良くなる傾向があります。夢に向かって行動していると、自分と同じように毎日をポジティブに過ごしている、素晴らしい仲間に恵まれるようになるのです。

Point

イメージを行動にうつす
行動することで人脈も変わる

Step4

根気よく理想を目指し続ける

ステップ3を実践し、理想を実現するために行動していると、ときには困難や逆境に見舞われることもあるでしょう。しかし、ポジティブな人は決してあきらめません。発明王・エジソンもその一人。彼は電球を発明するまで一万回失敗しましたが、こんな言葉を残しています。「失敗ではない。うまくいかない方法を一万通り見つけただけだ」と。このように、夢に向かう中で困難に直面しても、そこから教訓を見出し、あきらめずに努力し続けることが大切です。うまくいかないときは、方法を変えればいつか成功に辿りつくでしょう。もちろん、やりたいことが途中で変わった場合は、素直に方向転換すべきです。「今さら方向性を変えられない」といった義務感やしがらみから何かを目指しても、楽しい未来はありません。自分の心から溢れ出す夢に向かって、粘り強く取り組み続ける。そんな姿こそが人の心を打ち、「この人を応援したい」と思わせるのです。

Point

失敗したら方法を変えてみる
努力し続ける姿が人の心を打つ

Step5

幸せになってもいいと自覚する

理想の未来に向かって行動する際に、ステップ4で述べた〝途中であきらめないこと〟以外に、もう一つ大切なポジティブマインドがあります。それは「自分は幸せになるために生まれてきた」「幸せになるために、人生は何度でもやり直せる」という自覚を持つことです。ポジティブな人はこのような信念が心の奥にあるため、辛い出来事に見舞われてもすぐに立ち直り、また前に向かって歩むことができます。

ところが長年のコンプレックスやトラウマによって「自分は幸せになってはいけない」と思い込んでいる人が多いのです。このような負の思い込みがあると、いざ理想の未来が手に入りそうになっても、自ら幸せを放棄してしまいます。心当たりがある人は、毎日「私は幸せになっていい」と声に出して唱えてみましょう。繰り返し言うことで、負の思い込みが書き換えられ、幸せを素直に受け入れられ、人から愛される人になるでしょう。

Point

自分が幸せになることを許す　人生は何度でもやり直せる！

essay

ふたりの自分を受け入れて

少年アヤ
しょうねん あや＊89年生まれ。文筆業。ウェブ平凡にて、『ホーム・スイート・ホーム』連載中。著書に『尼のような子』（祥伝社）、『少年アヤちゃん焦心日記』（河出書房新社）。

私は、母に愛され、父に拒絶されながら生きてきたせいか、心がまっぷたつに割れています。ものすごく大胆で自己中心的な私と、ものすごく臆病で、気遣い屋な私。このふたつの私は、TPOによって出る幕がちがいます。リラックスしていたり、思いっきり趣味の合う友人といる時は、わがままでうるさい。逆に、知り合って間もなかったり、目上の人の前では、極端なほど静かで臆病。それはまんま、母の前、父の前でも当てはまります。

　きっと、その真ん中くらいの私でいられたら、誰からも好かれる人になれたのかもしれませんが、奇《く》しくもふたりの私は仲が悪く、なかなかくっついてはくれません。これは困ったことで、会う人によって与える印象がちがいすぎるのです。Aさんは私をうるさすぎると言うし、Bさんはもっと喋りたまえと言う。もっと困るのは、そんなAさんとBさんと3人で会うはめになってしまったとき。さっきも申したとおり、ふたりの私は同時には出てこられないのです。だから頭がごっちゃごちゃになって、どうすれば会話が繋がるのか分からなくなって、最終的にはAさんにもBさんにも失望されてしまう。絶望の帰り道、冷や汗でビショビショになった背中が、夜風で凍りつきそうにつめたくなる。そして、私ってなんだろうと、悲しくなる。

　しかし私が偉いのは、そこで必要以上の迷走をしなくなったことだと思います。だって、本当の自分とか、そんなのぜったいどこにもいないし、ふたりの私をおもりするので精一杯なので、万が一いたとしても、今更そいつに用意してやれる席はない。読者の皆様は、いかがですか。本当の私、いると思いますか。新しい私なんて、なれますか。

そりゃあ以前は、私も足掻《あが》いていました。大胆な私を殺すか、臆病な私を殺すか。どちらの私なら、より人から愛されるだろう。主観では、いつも伸び伸びとした前者のほうが好感度が高かったのですが、こいつはちょっぴり、調子に乗りすぎるところがある。後者は、いっつも息苦しくて、遠慮がちで、人といて楽しいと感じられたことがないくらいですが、言っても私自身ですから、やっぱりそれなりに愛おしい。どちらかを殺すなんて、無理だ。となると、向かう先には共存の二文字しかなかったのです。

諦めの悪い私は、「本当の私」を求め、うっかりパワーストーンなんかに手を出したりもしました。しかし、他力本願すぎて、まちがったふうに自分のことを肯定してしまいそうになったので、こりゃやばいと手を引きました。そうだ、ポシェットに入れた石を忘れて、うっかりそのうえに座ってしまったこともあったっけ。尻に突き刺さった石はあまりにも鋭利で、トゲトゲしく、こんなもんが私を守ってくれるわけねーと思いました。

話が脱線しました。石の話ではなくて、尻でもなくて、そうそうふたりの私の共存についてです。
それなりに足掻いてみた私は、無理だ、今まで通り共存するしかないや、と諦めるに至りました。どちらかに偏ることはできない。そうでない自分になることもできない、だったらもう諦めようと。
はあ、一生反復の日々かあと思い、くらーい気持ちで目を閉じたのですが、翌朝目を覚ますと、妙に気分が軽い。おかしい。絶望しながら目を閉じたのに、こんなに軽々としていていいのか。そしてその軽さは、今現在もなお、続いているのです。思うに、もしかしたらあの時の諦めって、すごくポジティブなものだったのかもしれません。私はきっと、諦めることで、まっぷたつに割れた自分を受け入れたのでしょう。以来、肩の力が抜けたせいか、コミュニケーションでつまずいても、必要以上に落ち込まなくなりました。「私ってだめだー」ではなく、「私ってだめだけど、しょうがないや」と思えるようになったのです。

　相変わらず、ふたりの私は仲が良くありませんが、「ずっとここにいていいよ」と許可してやったことで、心なしか不穏な空気はなくなったように思います。たまーに、コソコソ話なんかをしているのも見かけます。どうやら、私がどちらを選ぶか迷っていたせいで、ふたりは険悪になっていたようです。そりゃあそうか。ごめんねと謝ると、ふたりはえへへと笑いました。それはもしかしたら、この先仲良くなれるんじゃないの？　と予感させるような、息ぴったりの笑顔でした。ふたりがくっついて、新しい私になる可能性も、なきにしもあらず。どちらにせよ、私はこれからも、ふたりの自分をあたたかく見守っていくでしょう。

　皆さんも自分自身に迷いを感じることがあるのでしょうか。けど、私たち人間って、私たちが把握している以上に高度で、諦めから肯定、そして希望を見いだすことだってできるんです。ネクラな私が言うんだから、まちがいありませんよ。まずは、パワーストーンを尻に刺すところから、はじめてみてはいかがでしょうか。

読者座談会

一緒にいて楽しい人ってどんな人？

人とのつき合い方に悩みを持つ30代の女性5名が大集合。和気あいあいとした雰囲気の中、「一緒にいて楽しい人」「感じがいい人」について考えました。

座談会メンバー

イズミ（34歳・主婦）
趣味：手芸

ジュンコ（35歳・書店員）
趣味：絵を描くこと

ノリコ（37歳・主婦）
趣味：こけし収集

マイ（32歳・雑貨制作＆販売）
趣味：小物づくり

ユウコ（33歳・求職中）
趣味：創作・作文

P（『PHPスペシャル』編集部）

「一緒にいて楽しい人」に憧れますか？

P　取り立てて目立たなくても、なんだか一緒にいて楽しい人、感じがいい人っていますよね。笑顔が素敵だとか、一緒にいて穏やかな気持ちになれるとか。今日お集まりいただいた皆さんも、ぱっと見て「感じがいいな」って思うんですが、実のところはいかがですか？

ノリコ　昔、営業職をしていたころ、同僚に「あなたって、第一印象、抜群よね」って言われたことがありますよ。

P　「第一印象がいい」というのも嬉しいほめ言葉ですよね。

ノリコ　ええ。ただ、そのときは感じなかったんですが、あとから、あれは「第一印象だけは」という意味だったのかもしれないと思って、少しモヤモヤした気持ちになりましたが。あれ、本当はどういう意味だったんだろう……。

イズミ　私も同じようなことを言われたことがあります。「あなたって時間も守るし、きちんとしていて一見A型っぽいけど、実際すごいB型だよね」って。最初は好印象でも、つき合いが長くなると、だんだんルーズなところやマイペースなところがばれてしまうようで。

P　「B型だよね」ってほめ言葉じゃないんですか？

イズミ　違う……かな。

マイ　私は母がB型なんですが、確かに「B型って〜」と言うときは、あまりほめ言葉としては使わないですね。

ノリコ　でもB型の人ってトクしてると思うんですよね。O型の私からしたら「いつも自由でいいな〜」って思いますもん（笑）。

イズミ　実際、本人はそんなに自由とは思ってないんですけどね……。

P　血液型の話も面白いですが、他の皆さんはいかがですか？

マイ　私、ニコニコ笑っていれば誰でも「一緒にいて楽しい人」になれると思うんですよ。私も小学生の頃から意識してそうしてきました。そんなにおしゃべりする子でも積極的な子でもなかったけど、ニコニコ笑っていると仲間に入れてもらえた。だから、その頃から「笑顔は効くんだな」と理解していました。

P　それは私も思い当たる節がありますね。

マイ　それから大人になって、「個性」とか「自分らしさ」なんかを意識するようになって、ひと頃自分の我をストレートに出すようにしてみた時期があったんです。でも、そうするとまわりとぶつかったり、うまくいかないことも出てきた。接し方を元に戻したら、まわりも元に戻りました。

ユウコ　私も30代までは「一緒にいて楽しい人」を目指してソツなくやってました。仕事でもプライベートでも、自分の感情を押し殺しながら人の話を聞いていること

が多かったです。でも最近、気づいたんですよね。怒りの感情をぶつけたり、ズバズバものを言ったりしても、それにつき合ってくれる仲間は必ずいるし、そういう人こそ「私に合う人」なんじゃないかって。それがわかってからは、自分の中の「楽しい人でいなきゃ」という考えは壊れていきました。

P　幸せな仲間に恵まれましたね。じゃあこれからは、もっと自分を出して、はじけられそうですね。

ユウコ　正直言うと、仲間内でも男性陣は少し引き気味ですけどね（笑）。

一緒にいて疲れる人とのつき合い方

P　ところで、一方で「一緒にいて疲れる人」もいますよね。そういう人とぶつかったとき、皆さんはどうしていますか？

イズミ　私は10人くらいのお母さんサークルで活動しているんですが、やはり中にはみんなが「エッ」と思うような言動をする人もいます。でも、そんな人にはみんなでやさしく諭すようにしていますね。少人数の集まりなので、ためこんで爆発が起きないように、そのあたりはみんなで、大人として注意を払っています。

P　爆発する前に対処する。人間関係において、とても大事な心得ですよね。

ノリコ　私は営業職時代に、とにかく多くの人に会っていましたから、中には当然うまくいかないお客さんもいました。でも、そのときの経験から、少々のことでは感情が波立たなくなりましたね。主婦になった今でも「あの人は、なんであんなこと言ったのかな」と悶々と考えることはありますが、結局答えを見つけるまではいかずに忘れてしまうことが多い。寝ると大概のことはリセットされます。

ジュンコ　私も機嫌の高低差がほとんどなくて、感情が乱れることはありませんねえ。その感情幅はこれくらい、かな？（右手の親指と人差し指の間を軽くあけて）。5センチくらい、かな？　その狭い幅の間で「ボエ～～」とやってます。

P　それはまた、むちゃくちゃ狭い幅ですね！（笑）

ジュンコ　もともと私、怒る細胞がないみたいで……。わが家は父と姉が結構ムキーッとなるタイプなんですが、私と母が常にこんな感じでボエ～～としているのでうまくバランスがとれてるんです。

イズミ　わが家は夫が「あなた、父親としてどうなのよ？」というタイプなので、イライラは尽きません。それで、あるときから「たぶんあの人は、私が今生で乗り越えるべき課題を与えるためにこの世に遣わされた存在なんだ」と頭を切り替えるようにしたんです。それで〝マイ・カルマ〟と命名して、友達と話していても、「ちょっと最近、〝マイ・カルマ〟がね」なんて話をしていた。

P　カルマ……。「業」ですか。

イズミ　でも、そうしたら、友人から「それはあんまりじゃない？」と言われたので、それからは〝マイ・スイート・カルマ〟と

呼ぶようにしているんです。

一同　（爆笑）

イズミ　結婚して7年になりますが、相手をなんとかしようとしてもどうにもならないことがわかったので、自分の考え方を変えたほうがラクだなって悟ったんですよね。

ジュンコ　それにしても素敵なネーミングですね！　〝マイ・スイート・カルマ〟。メモして帰りたいです。

イズミ　うん、そうやって「自分のカルマなんだ」ってとらえることができるようになったら、たとえば衝突したときも、こちらが悪いと思っていなくてもとりあえずさっさと謝ることができるようになった。これで最悪のケースを逃れられたことが何度もありました。

ノリコ　感情をぶつけ合ったら、お互い消耗するだけですもんね。

イズミ　それでも「やはり夫が悪い」と思うことはありますから、それはほとぼりがさめたころにサラッと言う。そうして、どんどん乗り越えていって、たくましくなってきたんです、私は。

P　やはり、女性は男性より数枚上手で、数倍たくましいですね（笑）。

さりげない気遣いのできる人

P　では、一緒にいて楽しい人にはどうしたらなれるんでしょうね？

イズミ　「さりげない気遣いができる人」は、やはり感じがいいですよね。みんながいる席で、さささっと何かに気づいて動ける人。あまり目立たない感じで。そんな人には好印象を抱きます。

ジュンコ　それは私も憧れますね。なにか起こったときに、さっとやってくれる人。お箸を落としたら、ぱっと手を挙げてお店の人に知らせてくれるような。

ユウコ　でも私は、気づきすぎると後から疲れてドツボにハマってしまうので、ほどほどにしようって思ってますね。頑張りすぎると「なんで私ばっかり」となって、まわりに嫌な感情を抱いてしまうかもしれない。自然とできちゃう人はすごいと思うけど。

P　気遣いもいきすぎたり、これみよがしだったりすると、まわりを疲れさせたり、不快にさせたりすることがありますもんね。

ユウコ　グループで一人、すごく気がつきすぎる人がいて、みんなで食事をしたとき、焼き魚が出てきたら、それをお箸でほぐして、全員分取り分けていたんですね。それを見て私、「それはやりすぎ！　この人、疲れるだろうな」って思いましたね。無理をすると、そこからほころびが生じたりゆがみが出たりする。ほどほどが一番です。

ジュンコ　「感じをよくするぞ」と意気込むよりは、気持ちの隅っこに少しそうした思いをもっておくぐらいがいいんでしょうね。

ノリコ　私が一緒にいて楽しいなって思うのは、自然体でいる人。「相手を楽しませよう」なんて思うことなく、いい人でいられてる。

マイ　私もそう思います。感じがいい人って、たとえばお花屋さんだったらお花のことをちゃんと考えているとか、自分が向き合っているものに真摯に接していて、そこに雑念がない感じがする。「お店を良くしたい」とか「お客さんを満足させたい」とか、考えや行動がすごくシンプルで、人から良く思われたいとかいうレベルではない。それが、他の人には感じがよく見えるんじゃないでしょうか。

ユウコ　私も、自分を素直に出してる人こそが一緒にいて楽しい人だと思いますね。「これが私です」っていう自信をもっているんですよね、そういう人って。

P　自分の軸がしっかりしていて自信があるから、まわりの人のことも、余裕をもって受け入れられるのですね。皆さん、本日は素敵なお話をお聞かせいただき、ありがとうございました。

一同　ありがとうございました。

その「要注意」言い方は、です！

松尾佳津子

まつお かづこ＊１９６３年、大阪府生まれ。京都大学文学部卒業。同大学院文学研究科国語国文学専攻博士後期課程満期修了。現在は主に河合塾で大学受験生に古文を教える一方、摂南大学で「日本語表現」「日本語読解」「文学」の講座を担当。著書に『今日から磨く「おとなことば」』（京都書房ことのは新書）などがある。

自分が言われて不快になったり、人が使っているのを聞いてヒヤヒヤしたり、そのくせついうっかり自分の口から出てしまって冷や汗を流したり……。ものの言い方ひとつで、「一緒にいて疲れる人」になってしまう可能性は誰にでもあります。そんな、気をつけたい「要注意フレーズ」を紹介します。

本日入籍させていただきました

芸能人の記者会見などでよく耳にする表現です。「〜させていただく」は本来、自分の行為が相手の許容を得たものであるということを前提とし、その恩恵に謝意を表してへりくだる表現です。結婚相手の両親の反対を説得してやっと許可を取りつけた、という意味でなら、この言い方でも問題はないのですが、聞き手に対する敬語表現としては的外れです。「本日入籍いたしました」であるべきでしょう。「本日休業させていただきます」の貼り紙もよく目にします。休業することで客に迷惑がかかるので、休業を許容してくれる（はずの！）客に対して謝意を表している、と解することができるので許容範囲でしょうが、「本日休業いたします」でもまったく問題ありません。 とにかく、相手にかかわらない行為については使うとおかしい表現であり、相手にかかわる行為でも、乱用するとへりくだりすぎておかしい表現です。

お疲れ様です

授業終わりの同僚への声掛けに私自身もよく使うフレーズですが、場面によっては違和感が生じます。 たとえば、授業後に学生同士が「お疲れー！」と声を掛けあっていたり（キミは寝ていたじゃないか！）、学生が私に「お疲れ様でした」と声を掛けてくれたり（キミは私の同僚か !?)、授業開始で教室に入る間際に学生スタッフから「お疲れ様です」と声を掛けられたり（いやいや今からですから！）という場合です。 若い人たちには、バイト先での挨拶フレーズとして定着しているのでしょうが、これは職場や部活などの仲間同士で交わす挨拶に限定しておくほうがよさそうです。授業後の教師など目上の人にかける挨拶は、しいて言えば「ありがとうございました」でしょうか。大仰《おおぎょう》な感じがするなら、黙礼だけでも十分気持ちは伝わると思います。

拝見してくださってありがとうございます

謙譲表現で相手の動作を表してしまう誤用は、他に「あちらで申されてください」などもあります。漢語表現「拝見」や、「申す」の持つかしこまった感じが「よそいき」として理解され、尊敬表現であるかのような誤解を生むのでしょう。正しくは「ご覧いただきましてありがとうございます」「あちらでおっしゃってください」となります。「拝」が「拝む」の意だと理解できていれば、「拝見」が対象に敬意を表す謙譲語であり、主に自分の動作に使ってへりくだる表現だとわかるはずです。「拝借・拝察・拝受」などもこの類ですね。「申す」も類義表現「申しあげる」に置き換えて考えれば、行為を上位者に向けていく（＝あげる）のイメージから、主に自分の動作に使ってへりくだる表現だと理解できます。一度理詰めで理解しておけば、不用意な誤用を避けられるのではないでしょうか。

ご注意してください

「ご注意して」の「し」が「する」の活用した形だから、ここを尊敬動詞の「なさる」に替えて、「ご注意なさってください」でないといけません。しかし「ご注意」の「ご」で敬語表現は十分だという誤解が生じてしまうのでしょう。それならいっそ「して」をカットして「ご注意ください」とすればよいのです。あるいは、「注意する」は動詞で、本来は名詞に付く接頭語「ご（御）」は不自然ですから、「注意なさってください」でもよいでしょう。

大丈夫です

「お酒、もう少しいかがですか？」と声を掛けられた際に、「いや、けっこうです、もう要りません」の意でこう返答してしまうことは、実は私にもあります。 本人の意識としては否定的な返答が憚《はばか》られて、「いえ、そんなに気をお遣いいただかなくても大丈夫です」の意味でこう言ってしまうのですが、実際にこの言葉を返されたほうにとっては唐突な感じは否めないでしょう。それどころか「大丈夫、もっと飲めます」の意に誤解される恐れもあります。 否定的な返答が憚られるなら、「ありがとうございます、もう十分にいただきました」のように肯定的なフレーズで返すとよいでしょう。

実は〜、実は〜、実は〜

反省しつつ書くのですが、これは私の口癖です。授業中ふと「あ、今、３回連続で言っちゃった……」と、頭の片隅で自分を客観視して内心冷や汗を流すことがあります。 テレビ番組の司会者が、大した内容でもないのに、気を引こうと、一つのセンテンスの中で何度もこの言葉を繰り出していると、耳に付いて辟易するというのに……情けないです。 標準的表現である「実は〜」ならまだしも、これが砕けた表現だと「正味〜・ぶっちゃけ〜・マジで〜」になり、ノリで連発している人もいますよね。 テレビ番組の司会者が連発する「なんと〜」も含め、これらのフレーズは「今から言うことは初めて開示する情報ですよ、ほら注目してください！」という自己顕示意識に基づくものですから、一つの話題で何度も使うとうっとうしく感じられます。

～ですかねえ？

これもたまに自分で言ってしまってから、あ、なんだか美しくないわ、と赤面してしまうフレーズです。「明日は午後も雨なんですかねえ？」と、明日の天気についてならお互い疑問を共有できるから構わないのですが、窓口で記入の仕方を尋ねる場合なら、「ここに住所を書くんですかねえ？」よりも、「～ですか？・～でしょうか？」のほうが美しく感じます。「～ですかねえ？」では、相手に回答を求める疑問表現の「か」に、同意や共感を求める「ね」を付けることで、「あなたもわからないんですよね？」と自分の抱いた疑問を押し付けることになります。そこに必要以上の馴れ馴れしさが生じてしまい、さらに「え」と語尾を強調することで押し付けがましさが増すのでしょう。 以前、これが口癖になっているとおぼしき学生がいました。「この答えではダメなんでしょうかねえ？」などと繰り出され、内心、困ってしまいました。本人は丁寧な表現だと思っているようだし、でももし将来、面接でこのフレーズを繰り出したら悪印象は否めないだろうなあ、なんて、おせっかいながら心配してしまったことでした。

自然体で生きるためのレッスン

今、あなたには苦手な人がいますか？　人間関係は、良好ですか？

実は私たちの悩みの約9割が、人間関係が原因だといわれています。

「人づきあい」で「一緒にいて楽しい人」「愛される人」になるためのポイントを紹介します。

鈴木真奈美

すずき まなみ＊株式会社地球ファミリー代表。ICF 国際コーチ連盟プロフェッショナル認定コーチ。著書に『自分史上最高の幸せを呼びこむ方法』（PHP 研究所）など。
http://ameblo.jp/always-smile0720/

「正しさの基準」は人それぞれ

「職場の上司や同僚とうまくいかない」「価値観も方針もあわない上司がいて、モチベーションが下がる」というご相談をいただくことが、よくあります。

大なり小なり、人はみんな、「自分が一番正しい」と思って生きてい

ます。正しいと思っているからこそ、今の生き方をしているはず。もし間違っていると思うなら、とっくに違う生き方をしているでしょう。

あなたには「あなたの価値観や思い込み」があり、相手には「相手の価値観や思い込み」があります。あなたが「あわない」と感じるその人にも、その人なりの歴史があり、想いがあり、一生懸命生きています。あなたに見えている「あの人」の姿は、ほんの一部。それはあなたも同じはずです。

どちらが正しいとか間違っているとかではなく、ただ「違い」があるだけなのです。

あなたの「正しい基準」で相手を裁いたり否定したりするのではなく、「あぁ、私とは〝大切にしている基準〟が違うんだなぁ」とさらりと流すようにしてみてください。

あなたの基準で相手を見ようとすることをやめると、心がもっと楽になります。

苦手な人との向きあい方

もし今、あなたに苦手な人がいるのなら、二つのケースが考えられます。

一つ目は、あなたの心の問題です。「〜してはいけない」「普通は〜すべき」というあなたの価値観や常識とあわない人に出会うと、心がざわざわするはずです。でもそれは、あなたの心の中にある「制限や禁止していること」が反応しているだけなのです。

たとえばあなたが「甘えてはいけない」と思っているなら、すぐに人に甘えたり、頼ったりする人に対して、イラッとしやすいはずです。

あなたが自分に厳しく律している部分をゆるめ、「甘えてもいい」「人に頼っても良い」と、こだわりをなくしていくと、相手のこともさほど気にならなくなっていきます。イラッとしたり、心がざわつくことは、誰より、あなた自身を傷つけます。

二つ目は、生理的に受けつけない人。いわゆる、相性の悪い人です。この場合は、無理に好きになる必要はありません。たとえ親子やきょうだいであっても、相性はありません。ストレスがたまるようなら、表面的なおつきあいだけして、わりきることも時には必要です。相性の悪い人と無理にうまくやろうとするから、必要以上にストレスがたまるのです。

もし物理的に距離をとるのが難しい相手なら、そっと心の距離をとってみてください。

すべての人とうまくつきあおうとしたり、無理に愛そうとしなくてもいいのです。相性の悪い人と距離をとって接することは、わがままではなく、自然体の生き方です。

相手の期待にうまくあわせない

相手のイメージにあわせて、背伸びしたり、自分を抑えたりすると、無意識のうちに、相手にコントロールされてしまいます。

「相手からどう思われるか」を基準に行動していると、あなたの軸はぶれる一方。気づくと「本当の気持ち」や「あなたらしさ」を見失ってしまうこともあります。

相手のあなたに対するイメージは、あなたのほんの一部であり、すべてではありません。相手の期待とずれていても、あなたが悪いわけではありません。

色々な面があってもいい。相手の期待に、無理にあわせなくていいのです。

人から嫌われる勇気を持とう

「できれば、誰からも好かれたい」「よく思われたい」。その気持ちもわかります。

でも相手はほぼ100パーセント、相手の都合でものを言います。嫌われたくなくて、「自分だけが言いたいことを言えない」「言いたいことをぐっと飲み込んで、我慢してしまう」のではなく、あなたの気持ちを素直に伝えてみましょう。

あなたの幸せを願い、あなたを本当の意味で幸せにしてくれるのは、100人の知りあいではなく、たった1人の友です。100人の知りあいすべてから、よく思われようとしなくていいのです。

大切なのは「どう思われるか」ではなく、「あなたがどうしたいか」です。孤立することを恐れず、あなたらしさを表現してみてください。

かえって、本当の意味で、愛されるということに気づくはずです。

自分を大切にすればするほど、愛される

これまで3000人を超える方に接する中で、気づいたことがあります。

それは自分を大切にし、気持ちをちゃんと主張できる人ほど、周りから大切にされているということ。逆に、好かれたくて、いい人を演じるほど、不当に扱われることが増えるようです。

あなたがあなたを扱った通りに、

世界もあなたを扱います。

ですから、相手から大切にされたかったら、まずあなたの気持ちを大切にすること。好かれるための選択ではなく、あなたが幸せになるための選択をしてください。

人間関係が劇的に変わるコツ

最後に、周りの人との人間関係を劇的に変えたいと思ったら、「あなたから周りの人に、進んで感謝をしたり、挨拶したりしてみること」をお勧めします。

相手の素敵な面に気づいたら、言葉にしてほめたり、「ありがとう」を伝えること。相手の努力に気づいて、認めること。「あなたは大切な人ですよ」と、相手にちゃんと伝えることです。

こちらから愛情を表現することは、人づきあいの何よりのコツだと思います。

ヨーロッパに素敵な言い伝えがあります。

「バラの花を与えた者の手に、その香りは残る」。

誰かの心があたたかくなるようなことをすれば、巡り巡って、あなたの心があたたかくなるような出来事や人間関係に、自然と恵まれるようになります。

第4章

一緒にいて楽しい人の話す力、聞く力

楽しい人は、自分の想いを表現するのが上手です。
強い主張も、無理な要求も、するっと人に聞かせてしまいます。
さらには話の聞き方も上手です。
この人になら何でも話せる、という雰囲気を醸し出す。
そんな話し方、聞き方のコツを紹介します。

想いが伝わる！表現のしかた

あなたには、想いを伝える力がある。
そう言い切れるのは、私が表現教育を通して28年見てきたから。
全国を表現力ワークショップでまわっていると、
学生も、社会人も、主婦も、ごくごく一般の人たちが、胸を揺さぶる話をする。
ここで「３つの基礎」をつかみ、やり慣れていけば、
だれでも想いはぐんと相手に届くようになる！

山田ズーニー

やまだ ずーにー＊フリーランスの文章表現・コミュニケーションインストラクターとして全国で表現力のワークショップを開催中。慶應義塾大学非常勤講師。著書に『あなたの話はなぜ「通じない」のか』（筑摩書房）ほか多数。インターネットにコラム「おとなの小論文教室。」連載中。

正直な反応に磨かれる

38歳で独立してから、講演・授業と人前で話す機会が急激に増え、私自身苦労した。

とくに高校生たちは容赦ない。私がいくらためになる話をしたって、心に響かなければダメ。そっぽを向き私語を始めてしまう。生で話すと、反応を即、モロに浴びるので、通じない日は、とことんへこんだ。

引用もなぜか通じない。エライ先生の言葉を持ち出すとき、ふりかざして身の丈以上のことを言おうとする自分がいた。「上から目線」には、大人も若者も、サッと引いていった。

正直な反応に磨かれ、導かれ、創意と工夫を繰り返し

た果てに、その日が来た。

女子高校生千人の前で話すことになった。感覚が鋭く、大人の嘘も一瞬で見抜いてしまう思春期の女子たち。同じ女性である私を見る目は厳しい。緊張は最高潮に達した。

千の心と響きあう

夏の白いセーラー服、黒髪の女子が講堂の一、二階にびっしり並ぶ。千人の繊細な感性が一斉に私を見定める。言葉は、ひと言ひと言、染み透り、響きあい、やがて千の心が一つになった。物音ひとつ、身じろぎさえ無い。時折、感動にすすり泣く音だけが静かにもれてくる。

空にまたたく千の星が、もしも一瞬、同時に瞬いたら、胸が震えるほど感動する。そんな瞬間が何度も訪れた自己ベストの講演になった。終わったとき、女子高生が「よし！　わかった！　頑張るぞ！」とガッツポーズをしたと、伝えてくれた先生も感動に涙ぐんでいた。

そのとき私が冒頭で話したのは、偉い人の引用ではない、人に誇れる成功談でもない。私の人生最大の「後悔」だった。


大学4年の春、私の卒業式に出たいと田舎から突然出てきた母を、私は無情にも追い返してしまった。いい歳をして親が来るなんて恥ずかしい、それだけの理由で。親の気持ちが全くわからない自分がいた。母はひとりどんな気持ちで帰りの列車に乗ったのだろう。月日が経つにつれ、母の気持ちがどんどんわかるようになり、後悔もどんどん膨らんでいく。私は一生悔い続けると思う。

なぜ、こんな恥ずかしい話から切り出したのか？　避けては伝わらないからだ。講演のテーマ「読書」について、私が高校生にどうしても伝えたい「想い」が。

経験を、でなく「経験で」話す

「想いが通じる人は、経験を賭して話す」。これだけは、何千人ものスピーチを聞いてきて、また自分の経験からも言える。通じる話は、ウケウリや引用ではない。実体験に基づいている。実感がこもり、具体的でオリジナルだ。自分の体で試したことだから「等身大」で、上から目線になりにくい。

ポイントは、経験を、でなく「経験で」話す。伝えたい想いがまずあり、それを伝える手段として、ふさわしい実体験を引いてくるのだ。そのときに、「言いたいことは、言いたくないことのそばにある」。私たちは、人生の大切なことを、失敗や痛みを通してつかみとることが多い。だから人に切実に伝えたい想いほど、人に聞かれるのが恥ずかしい実体験に裏打ちされていることが多いのだ。

伝わる話をする人は、恐れず、保身にまわらず、経験を差し出すようにして話す。

恥はかきたくない、傷つくのもいや、と自分のものは固く握って何ひとつ差し出さず、「聞いてくれ、わかってくれ」のくれくれでは通じない。

伝えたい、ただひとつを伝えきるために、見栄や虚勢を手放す、持てる経験を投げ打つ、そうした姿勢が相手の胸を打つ。

でも、「経験で」話しているにもかかわらず、伝わらない人もいる。そういう人たちには、共通して「なぜ」がない。

伝わる話には「なぜ」がある

女子高生に、親の気持ちがわからず母を追い返した経験を語ったあと、私はこう問うた。

「こどものいない私が、いま、なぜ、親の気持ちがわかるのでしょう？」

そこから私は、高校生にいちばん伝えたかった読書の凄さを話し始めた。人は自分の経験のワクを越えて、他者の気持ちをわかることができる。文章には文脈がある。読むことで他者の文脈を知り、文脈をつかむことで、理解できなかった相手の言動の意味がわかる。私たちは読むことで筆者の世界に身投げするようにして、自分が経験したことのない他人の気持ちもわかることができる。男が女の気持ちを、専業主婦が企業で戦う女の気持ちを、子が親の気持ちを。この読むチカラの凄さを伝えるために、私は経験を賭したのだ。

伝わる話には「なぜ」がある。なぜのない話は、実体験の丸投げで、そのまま結論を押し付ける。「俺は辛いときがんばったぞ→だからお前もがんばれ」では通じない。大学ではわずか4分で学生に話してもらうが、一生記憶に残る、胸を揺さぶるような話には決まって「なぜ」が効いている。「俺は辛いときがんばった↓なぜがんばれたかというと、その時こう考えたからだ↓だからあなたも大丈夫、がんばれるんだと伝えたい」と。「テーマについて一番印象深い実体験を引いてきて語る↓なぜでひと掘りする↓最後に伝えたいことを伝えきる」。実体験を思い返したとき、一番ひっかかる点、そこが「なぜ」で掘り下げるところだ。

表現するには勇気がいる

勇気なくできる表現に、たいして面白いものはないと私は思う。でも、いきなり大きな勇気は出ない。「小さい勇気」を出そう。表現教育で一番勇気を感じるのは、意外にも、人に話をするだけで倒れそうなほど気弱な人だ。気弱な人が、伝えようとして言葉に詰まる。そこで恐くて引っ込めてしまうか、それとも踏ん張って、前傾姿勢をとり、言葉を出してみるか。小さい勇気の積み重ねが、いつのまにか大きな勇気ある表現になって、人を感動させている。あなたも、きょう、小さい勇気からはじめてみよう。次の「3つの基礎」が支えてくれる。

1．経験を賭して話す。
2．なぜ、で掘り下げる。
3．勇気を出す。

小さく・かわいく・きっちりと、伝え続けていけば、3か月後には見違える。

想いは、通じる！

タイプ別

疲れる人と上手につきあう

あなたのまわりに「疲れる人」はいますか？
悪い人じゃないんだけど、なぜかつきあいづらい。
あまり積極的に一緒にいたいと思えない。
そんな「疲れる人」を6つのタイプに分けて、
異なる分野で活躍されるお二人に考えをうかがいました。
お一人は精神科医の片田珠美さん、
お一人は人材育成コンサルタントの太田彩子さん。
いずれも、多くの人とかかわる立場の方です。
疲れる人との上手なかかわり方や距離のとり方がわかれば、
きっとストレスは減るはず。
同時に、自分自身が「疲れる人」になっていないか……
という視点も忘れないようにしたいですね。

片田珠美

かただ たまみ＊1961年生まれ。大阪大学医学部を卒業後、京都大学大学院で博士課程を修了し、パリ第八大学で精神分析を学ぶ。精神科医としての臨床経験に基づいて、人間の心理や心の病の構造、社会問題などを分析。著書に『なぜ、「怒る」のをやめられないのか』（光文社新書）、『他人を攻撃せずにはいられない人』（PHP新書）などがある。

太田彩子

おおた あやこ＊1975年生まれ。一般社団法人「営業部女子課の会」代表理事。人材育成コンサルタントとしてのべ4万2千人以上を支援。営業女子応援コミュニティ「営業部女子課」には全国2千人以上の女性営業が登録。著書に『折れない営業女子になる7つのルール』『1億売るオンナの8つの習慣』（ともにかんき出版）などがある。

自覚がない人ほどやっかい。(片田)

「一緒にいて疲れる人」って、どこにでもいますよね。何よりも困るのは、そういう人に限って自分が周囲に迷惑をかけているとか、辟易させているという自覚がないことです。それどころか、自分は優しい善人で、いつも他人のためを思って行動していると思いこんでいるような自己欺瞞《ぎまん》の塊さえいて、あ然としてしまいます。

精神医学では、自分が病気であるという意識を「病識」と呼んでおり、「病識」のない患者さんの治療が一番難しいというのが多くの精神科医の共通認識です。それと同じように、自分が「疲れる人」だという自覚がない人とつきあうのは本当に大変だなと、つくづく思います。

「根性曲がりにつける薬はない」と肝に銘じて、できるだけ関わらないようにするのが一番ですが、実際に身近にいたら、そういうわけにもいきません。そこで、まず観察して、どのタイプなのかを見きわめ、タイプ別に対応することが必要になるのです。

真正面からぶつからない。(太田)

みなさんのまわりに「疲れる人」はいますか？　別名、トラブルメーカーとも呼ばれる彼・彼女たち。そのような人が同じ職場やコミュニティーにいると、問題が大げさになったりして無用な疲れや面倒なことが起こるものです。

思えば私のまわりにも、昔「疲れる人」はいました。ある先輩格の女性なのですが、たとえば私がある表彰を社内で獲得すると、「社内で賞をとっても何の名誉にもならないしねー。本当に実力のある人は表に出てこない」と、私がいる場で話されました。自分のことを指さされて嫌味を言われたのは明白。そのときは腹が立ちましたが、翌日冷静になって彼女の言葉を客観的に見ると、その光景は滑稽にさえ思えるようになりました。「面白くないことを正当化するために、人を攻撃するしかなかったんだ」と。

疲れる人とは真正面からぶつかるのではなく、ちょっと違う視点で見てみたり、対応を変えてみたりすると、状況は変わります。何よりも、自分が楽になるのです。さっそく、疲れる人のタイプ別に対応方法を見ていきましょう。

1 プライドが高すぎる人

●自分の失敗や恥ずかしい部分を見せることに抵抗があり、「自分は他人よりも上」という優越感を持つタイプ。職場にこのようなタイプがいたら、「それって自慢？」というような話に延々とつきあわされることになるかもしれません。（**太田さん**）

●プライドが高すぎる人は、常に自分のほうが優位に立っていることを誇示していなければ気がすみません。だからこそ、いつも上から目線だし、「ありがとう」や「すみません」が言えないし、自分のミスを決して認めようとしないのです。（**片田さん**）

対策

●このタイプは、自分が優位に立てなくなると落ちこんでしまうことが多いので、自滅するのを待つのが賢いでしょう。自慢や傲慢な態度を示すなどして、周囲の反感を買ったり敵意をかき立てたりしがちなために、何かあると足を引っ張られやすいのです。しかも、一度つまずくと、打たれ弱さを露呈してなかなか立ち直れないようです。それまでは、「豚もおだてりゃ木に登る」ということわざを思い出して、下手に出ておきましょう。（**片田さん**）

●無理にその人のプライドに真っ向から対応したり、同じく「私のほうがすごい」対決をしても労力の無駄です。ますます相手のプライドは高くなるばかりでしょう。また、会話の中で相手に配慮するような言葉がなければ、相手はプライドを維持するためにさらに過剰な言動を続けるかもしれません。一つくらい相手を持ち上げる言葉を発し、その後は淡々と話を聴いているふりをしておくのが無難です。（**太田さん**）

2 むやみに干渉してくる人

●いろいろなことを自分が知らないと気が済まないタイプです。何か他人と話をしていても「なになに～？」と割りこみ、「○○さんもこんなこと言っていたよ」と、聞いてもいないのに第三者のことについて話したがります。（**太田さん**）

●むやみに干渉してくる人は周囲に影響を及ぼしたり他人を支配したりしたいという欲望が強く、自分の影響力や支配力を認めてもらえないと不安になります。だからこそ、自分には関係のないようなことまで知りたがったり、事細かに管理しようとしたりするのです。（**片田さん**）

3 自己愛が強い人

●他人から自分がどう思われているかを異常に気にするタイプです。Facebook などの SNS に投稿するのは自撮り写真ばかり、他人へのコメントも自分の話。何個「いいね！」がつくかが気になってしかたがない人も。（**太田さん**）

●自己愛が強い人は、他人から称賛されることによってしか自己確認できないので、「自分はこんなにすごいんだ」と常に誇示していなければ気がすみません。裏返せば、それだけ不安が強いわけで、だからこそ認めてもらってないと感じると自画自賛するのです。（**片田さん**）

対策

●このタイプは、自分が称賛に値すると勘違いしているので、一緒にいると疲れるし、あきれますが、勘違いを真正面から正そうとしても時間とエネルギーのムダです。とりあえず、ほめてください。新しい洋服でも、髪型でも、何でもいいのです。ほめれば、さまざまなメリットがあります。まず、向こうはあなたのことを「見る目がある」と見直すでしょう。また、あなたの前ではことさらに自慢することがなくなるでしょう。そうなれば、しめたものです。他の人とはちょっと違う見方をしているとチクリと皮肉ればいいのです。（**片田さん**）

●職場には様々なタイプがいます。このようなタイプは「周囲とのつながりで自分自身を確かめ、納得するタイプ」と思えば、そう悪影響を及ぼさないはずです。部下や後輩にいるのであれば、「あなたがもっと○○すれば周囲も喜ぶよ」と、他人への働きかけをうながすと、やる気を出してくれるかもしれません。（**太田さん**）

対策

●こういうタイプは、できるだけ避けるしかありませんが、頼まれもしないのにアドバイスやお説教するのが好きなので、プライバシーにズカズカと踏みこんできます。そういう場合は、目を合わせないとか、話をそらすとかして、できるだけ答えないようにしましょう。向こうの質問にいちいち答える義務はないですし、律儀に答えていたら大変なことになりますから。また、いろいろ口出ししてくる場合は、一応話は聞きましたというふりをしながら、スルーしましょう。（**片田さん**）

●「この人に話したことは筒抜け」という覚悟を決めましょう。また過度に干渉してくる場合は、こちらから拒否反応を示すまでは気づかないのもこのタイプかもしれません。自分で言いにくい場合は、上司や先輩など違う立場の人からやめてほしいことを伝えてもらうのも一つの手。（**太田さん**）

4 言うことがコロコロ変わる人

●上司に多いタイプでしょう。もしくは、経営陣など立場が上の人やお客様にはペコペコしているのに、それ以外の人には豹変して威圧的になったり、こちらからすると理不尽だったり不可解に思えるケースも。朝令暮改の指示をされる側はたまったもんじゃないと思う人も多いことでしょう。（**太田さん**）

●言うことがコロコロ変わるのは、自信がないからです。だからこそ発言に一貫性がなく、一度指示して進めさせていたことでも、途中でひっくり返してしまうのです。また、責任を取りたくないので、指示を出すだけ出して、フォローはしないことも多いようです。（**片田さん**）

対策

●こういうタイプに振り回されると本当に困りますね。相手が上の立場だと、指示を無視するわけにはいかないし、かといって指示通りにやっていたら、急に方向転換されるのですから、たまりません。基本的に、指示は口頭ではなく、文書かメールで受けるようにしましょう。それが無理だったら、指示された内容をできるだけ記録しておくことです。そうすれば、指示が急に変わったときに、「以前は〜とおっしゃっていましたが」と指摘して、そんなに簡単に責任転嫁させないぞと警告できます。（**片田さん**）

●もし上司が男性であれば、「縦のつながり」の組織で生きてきたという理解を示しましょう。どちらかというと、女性は「横のつながり」を重視し、協調をはかります。また、その人が中間管理職の立場であれば、上と下との間で板挟みになっていることも考えられます。立場上、判断をAからBにせざるを得ない状況もあるので、その人はその人で悩みを抱えていることも理解してみて。（**太田さん**）

5 どんよりしている人

●後ろ向きで悲観的な人が、同調を求めてまわりも巻き込んでしまうと厄介です。組織やコミュニティーにいると、全体の方針が「Aだ」と言われても、このような人を介して「Bだ」と勝手な解釈をして伝わってしまうことも……。（**太田さん**）

●どんよりしている人は、常に自分が世界中で一番不幸だと思いこんでおり、被害者意識が強いようです。そのため、他人の幸福が我慢できない怒り、つまり羨望を抱きがちなので、ひがみっぽく、愚痴ばかりこぼすようになります。（**片田さん**）

6 ズレている人

●周囲がついていけず、避けられてしまったりすることも。本人に悪気はないから余計に大変です。マイペースなのはいいのだけれど、マイペースすぎてしまい他人との協調や共感が生まれず、ヤキモキさせられたり、はたから見ていてヒヤヒヤすることも。（**太田さん**）

●ズレている人がいたら、本当にズレているのか、それともズレているふりをしているのかを見きわめなければなりません。本当にズレている場合は、鈍感か、柔軟な対応ができないかのどちらかです。ズレているふりをしているのは周囲を混乱させるためです。（**片田さん**）

対策

●本当にズレている人は天然なので、どうにもなりません。ほめ言葉が的はずれだったり、感謝や謝罪の言葉が過剰だったりするので、こちらも戸惑いますが、いくら指摘しても直らないでしょう。憐憫のまなざしを向けながら、「感覚が食い違うと、わかりあえないよね」などとチクリと言ってみてはどうでしょうか。ズレているふりをしながら、失礼なことを言うような場合は、怒りや敵意を直接出せないので、そういうやり方で表現する「受動的攻撃」かもしれません。できるだけ距離を置きましょう。（**片田さん**）

●もし相手が部下や後輩などの立場なら、あまり任せすぎるよりも、細かく指示を出すことがおすすめ。それも大雑把な指示ではなく、いつまでに、どんな目的で、何をしてほしいと具体的であればあるほど伝わります。自由に対応させてしまうと勝手な解釈で進めてしまうので、望まない結果をひきおこしがちです。（**太田さん**）

対策

●こういう人と一緒にいると、だんだん気が滅入ってきますね。おまけに、羨望が強いせいか、他の誰かに災難が降りかかると、「他人の不幸は蜜の味」とばかりに嬉々とするので、背筋が寒くなります。フォローしたり、慰めたりしても、後ろ向きの考え方を変えることなんかできません。ですから、何とか救ってあげようという殊勝な気持ちなど起こさず、「悲劇の主人公になりたいんだったら、どうぞご勝手に」と心の中でつぶやいてみてはどうでしょうか。（**片田さん**）

●やる気のあるまわりの人が影響されてしまうと困りものです。ひょっとしたら、自分自身がおいてきぼりになって寂しい気持ちをしている場合もあるので、じっくりと話し合うことも得策です。それでもダメなら、ポジションを変わってもらうなど、やる気のある人を守ることも大事です。また、自分自身が成長したいなら、意識の低い人に引きずられないよう気をつけて。（**太田さん**）

質問力でこんなに変わる！

一緒にいて楽しい人の「聞き方」

「あの人と話をすると楽しい」「会話が続く」。一緒にいて楽しい人は、聞き上手なもの。会話を楽しみ、聞き上手になるための、3つのステップを紹介します。

会話を楽しむための3つの「ない」

1 「おもしろい話をしよう」と思わない

2 会話の間や沈黙を恐れない

3 自分をよく見せようとしない

おちまさと

1965年、東京都生まれ。プロデューサー。TV番組やウェブサイトの企画、講演、企業ブランディングまで多岐にわたり活躍。経産省「クール・ジャパン戦略推進事業・企業マッチンググランプリ」総合プロデュースも務める。『[図解]相手に9割しゃべらせる雑談術』(PHP研究所）ほか著書多数。

Step 1

会話に臨む、その前に

コミュニケーション上手になるには、「まず、聞き上手になること」と言われます。もちろん僕も、そう思います。

ただ、そうなると「じゃあ、相手の話にどうあいづちを打てばいいんだろう。どんなリアクションをすれば、相手はよろこんでくれるの？」と考えてしまいますよね。そこで、僕がまずお伝えしたいのは「私の話はおもしろくないんだ」と自覚すること。そして、だからこそ「何もしなくていい」ということです。

もともとおもしろい話ができて相手を楽しませることができる人はいるかもしれませんが、そんな人はごくわずかで、たいていの人は、おもしろくない（笑）。それなのにおもしろい話をしようと無理をするからうまくいかず、かえって気まずくなってしまうのです。

相手と会話が続かなかったらどうしようと、心配になる。実際、会話が途絶えると焦るわけですが、それは「間」が怖いからですよね。でも実は、「間」は恐れるものではないのです。事実、僕が質問を投げかけて、答えが返ってくるまでに2分、3分と時間がかかる人もいます。それが、その人の会話のペースなのです。ですから、聞き上手になるためのレッスン初級編は、「間」を怖がらないような度胸をつけること。誰かと二人きりでドライブに出かけ、どれだけ黙っていられるか、トレーニングしてみるのもいいでしょう。

話しはじめればおもしろいのに、あがり症でとくに初対面の人とうまく会話できないという人がいるかもしれません。その場合も、変に場をつくろおうとせず、「あがり症なんです」「緊張しちゃって」とカミングアウトしてしまいましょう。「何もしない」も含め、要は自分をよく見せようとカッコつけないこと。心をフラットな状態にすることが、コミュニケーションの肝だと、僕は思います。

さらに、もう一つ大事なこと。それは、相手をリスペクトする気持ちです。あなたに関心がある、あなたのことが知りたい。極端な話、その強い気持ちがあればコミュニケーションは成り立つと言ってもいいかもしれません。

Step 2

質問力をつけよう！

次はもう1ステップ進んで「具体的にどうすればいいか」。

沈黙は怖くない、何もしなくてもいい、とはいえ、じっと黙っているだけでは会話は始まりません。そこで、レッスン中級編は「質問力をつける」です。

会話に必要なのは、気の利いたあいづちでも派手なリアクションでもなく、質問。いい質問ができれば、1つの問いで10の答えが返ってくる。つまり、9割方相手がしゃべってくれて、自分が話すのはたった1割で済んでしまうのです。

では、いい質問とはどんなものなのか。つい頭がいいと思われたくて、わざとむずかしい質問を投げかけたり、なれない言葉を口にしがちですが、ここでもフラットな状態で、自分がいま相手に本当に聞きたいことを素直に口に出せばいいのです。緊張のあまり、「スマホを使ってますか？」なんて脈絡のない質問をしてしまうかもしれない。それでも、相手をリスペクトする気持ちがベースにあれば「あなたに興味があります。話が聞きたいんです」という気持ちが全身からにじみ出ているので、相手に不愉快な思いをさせることはないでしょう。「いきなりスマホ？」と一瞬、驚きはするかもしれませんが、人間というのは基本的に、自分の話を聞いてもらいたいもの。スマホについても、放っておいたって相手は5分、10分としゃべってくれるでしょう。

たとえば上司と2人きりになったとき、もし「この人の、営業トークのうまさはどこからくるのかな」と思っていたら、それを聞いてみればいい。もちろん言葉遣いには気をつけながら「○○さんて、子どもの頃から話がお上手だったんですか？」などというふうに。それがたとえ唐突な質問だったとしても、待ってましたとばかりに上司は話しはじめるでしょう。

そう考えると、質問力を身に付けるには「相手に対して本気で興味を持つこと」が肝心ですね。上司となんてどうせ話が合わないとか、この人つまらないなどと、話をする前から考えない。「この人、どんな人なんだろう？」と興味を持てば、必ず何かしら話の糸口が見つかるので、それについて質問してみてください。糸口が見つからない？　それはあなたの熱意がまだまだ足りないからです。

Step3

相手に気持ちよく話してもらおう！

さて、ここからは上級編。相手から、話をより引き出すコツを伝授しましょう。コツといってもやはり、自分からとくに働きかけるものではないのですが……。

突然ですが、温泉って、入ると気持ちいいですよね。「はあ、気持ちいい〜」と思わず声が出てしまうほど体がゆるゆるに。おまけに裸で無防備なものだから、心もゆるゆるになって、なんだかいろいろなことを話したくなりませんか？　温泉に一緒につかっている女友達に、「実はさあ」なんて、いつの間にか恋バナを始めていた経験、あなたにもあるのではないでしょうか。

コミュニケーションについても同様で、いかに相手に「はあ、気持ちいい〜」と思わせるか。つまり、温泉につかったような状況をつくればいいのです。僕はこれを「温泉理論」と呼んでいるのですが、とにかく相手をいい気分にさせることが肝心。そのための質問やキーワードがいくつかあるのですが、とっておきのものが「○○さんて、謎ですよね」。女性に対してだったら「ミステリアスですよね」のほうが、より効果的かもしれません。

男性も女性も「謎だよね」と言われると「それって、魅力的ってこと？」と、受け止めます。そして、うれしいけれど、いや、うれしいからこそ「そんなことないよー」と否定して、「自分は謎ではない」ことを一生懸命、説明しはじめます。「朝7時に起きて、ごはん食べて、……全然普通だよ」という具合に。そこでさらに「そう言われてもプライベートが想像できない」と言えば、「実はね」と、こちらの予想以上にあれこれしゃべってくれるものです。逆を考えてみてください。誰かに「なんか、ミステリアスだよね」と言われて、気がついたらいつもは話さない本音を口にしていたなんて経験、あるのではないでしょうか。

この「謎（ミステリアス）だよね」を試しに使ってみてください。もちろん相手へのリスペクトを忘れずに、目上の方にはちょっと言葉を工夫する必要がありますが。その結果、相手がどんどん話しだしたら、あなたはもう、立派な聞き上手、コミュニケーションの達人です！

使えるフレーズの一例

「モテるでしょ？」
「○○さんって、いい意味で生活感がないですよね」
「やっぱり、頭の回転が速いのは昔からですか？」
「そんなふうにセンスがいいのは、持って生まれたものなんでしょうか」
「○○さんはいつも穏やかで優しいから、怒っているところが想像できません」
「いつもおいしいお店をご存じなのは、どうしてですか？」

essay

人と向き合う話し方、聞き方

川村妙慶

かわむら みょうけい＊真宗大谷派僧侶。アナウンサー。「わかりやすい法話」をテーマに、全国で講演を行なう。著書に『親鸞のことば』（講談社）などがある。

人は誰でも聞いてほしい

ある方から「妙慶さんは植物にたとえると枝垂《しだ》れ柳だね」と言われたことがあります。特別大きな花を咲かせるわけではないが、伸びれば伸びるほど頭を下に垂らしている植物です。また柳は柔らかいですから、強風が来ても折れることはありません。「柔軟に対応しているね」と言われたようで、ありがたいお言葉です。

私はいつも、頭を下げている人を見ると「過去に沢山の失敗を重ねてきたからこそ、頭が下がるのだな」と思っています。人間は、思い通りで上り調子の人生になると、傲慢になってしまいます。むしろ失敗したり、怒られたりすることで「相手に迷惑をかけたことに気がつかせていただける」のです。つまり挫折することによって足元を見ることができる。それが感謝となって、頭を下げるという気持ちにさせてくれるのですね。

私の講演後には必ずといっていいほど、相談希望者が来られます。ほとんどが一対一で初対面。しかも密室でお話しすることがほとんどです。当然、相手は緊張していらっしゃいます。そのときには「ようこそ訪ねてくださいましたね」と笑顔で声をかけます。そして「どうしましたか？」と緊張の糸をほぐすように問いかけていきます。人間は誰でも聞いてほしいのです。だから、相手側の話ばかりで自分の気持ちを受け入れてもらえないと、寂しい気持ちになります。

さて、聞くということで気をつけていることがあります。それは、答えを持って聞かないということです。たとえば「昨日は遅くまで起きていたのでしょう」という聞き方です。これは聞いておきながら決めつけています。そうではなく「最近、眠れてる？」と聞きます。すると相手は「つい夜更かしして。これってよくないね」と、自分の言葉で反省することがあるのです。決めつけられるほど嫌なことはありません。

　次に、自慢話はしないように心がけています。なぜなら、「共通感覚」を共有できないからです。こちらの自慢話ばかりしてしまうと、相手は同じ気持ちで聞くことができません。「感激」と「感動」とは違います。

　感激というのは自分一人が味わう喜びです。たとえば「今日、抽選会でクジが当たったのよ！　ラッキー」と意気揚々と相手に伝えても、相手は当たっていないので、同じ喜びにはなれません。感動というのは、共に喜べる感覚です。私は天気の話などの共通する話題で、気持ちを通わせるようにしています。

　時には否定的な言葉をなげかけられ、嫌な思いをすることもあります。そのときにきつく言い返すと喧嘩になります。そこで「心配かけてごめんね」と相手の気持ちを受け入れるようにしています。もし「余計なお世話よ」と返すと、相手も怒りしか覚えません。

断るときも「ありがとう」

犬養道子さんという難民救済にかかわった方は、「人間というのは三つの言葉が身についていたら、人間として出会う第一の扉は開かれる」とおっしゃいました。

　一つは「ごめんなさい」です。地獄というのは「ごめんなさい」がない世界なのです。つまりお互いが自己主張ばかりで、自分を振り返って相手に頭を下げることができない。待ち合わせに遅刻したとき「電車が遅れてね」と自分を守るのではなく、「ごめんなさい。待たせたね」と頭を下げることが大切なのです。

次に「ありがとう」です。「ありがとう」のない世界は、餓鬼の世界です。いつも「欲しい」と求める心のことです。今、目の前にあるものに満足することなく、足りないものに不満を持ってしまうということです。すると「ありがとう」という気持ちは持てません。

私は断るときも「ありがとう」と言っています。「ありがとう！　せっかく誘ってくれたのに、都合がつかないの。また誘ってね」と、わざわざ私に声をかけてくれた気持ちに感謝しています。頭ごなしに「行けません」と言ってしまうと、相手は悲しい気持ちになりますね。

三つ目の言葉は「プリーズ」です。どうぞ！　という心が大切なのです。しかし「私が先」という気持ちでいると争いは絶えません。仏教では「畜生」の心といいます。うまくいかないとき、他人からとがめられたとき、腹立ちのあまり、「畜生」という気持ちになることがありますよね。畜生という言葉は、他人に対して放っているのであって、自分が他人を傷つけたことには目も向けず、傷つけられたことに執着して、「畜生！」と罵倒することで自分の存在を主張しているのです。

「無慙愧《むざんき》」は名づけて「人《にん》」とせず、名づけて「畜生」とす。

親鸞聖人《しんらんしょうにん》

あらゆるいのちを、生きるものを踏みつけ、傷つけ、殺して恥じない私たちに対して、それは人間を見失った悲しいことですよ！　と親鸞聖人は語りかけてくれるようです。

自分を特別な人間だと思いこみ、他人を見下しているようでは、人とは向き合えません。その気持ちが言葉にも必ず出ます。「お先にどうぞ」という譲り合いの気持ちが、相手の心をほぐすのですね。

どんなことにも感謝の心を持ちましょう。その心が豊かな表情をつくり、あなたを「楽しい人」にするのです。

はぴきゃりアカデミー代表 **金澤悦子**

かなざわ えつこ＊１万人の働く女性のリアルな声と素質診断ツール「i-color」を使い、「恋する仕事」へのステップを体系化。セミナー、講演で伝えている。著書に『愛されて仕事がうまくいく女になる４３のヒント』（サンマーク出版）など。

甘え上手のすすめ

「お願い……」と甘えられたとき、
「しょうがないな～」なんて言いながらも、
案外悪い気はしなかったりして……。
頼られる＝相手から認められているということ。
それが「甘えられるとちょっぴりうれしい」のメカニズムです。
でも、同じ頼みごとなのにムカッとくるときもありますよね。
その違いは何なのでしょうか？　私が取材してきた職場で
「一緒にいて楽しい」女性たちの多くは、頼みごとが上手でした。
その秘密は、〝相手のよさを尊重している〟こと。
何でも自分でやろうとせず、得意な人には積極的にお願いすることで、
相手の能力を引き出し、成果を最大化することができます。
つまり、甘える方、甘えられる方、双方にメリットがあるというわけ。
一方、「一緒にいて疲れる」のは、利己丸出しの人。
自分がやりたくないからと誰彼かまわず押しつける人に、
ついていく人はいません。甘え上手は采配上手。
自分と周囲の「いいところ」を見つけ、
愛されて結果を出せる人を目指しましょう！

甘え上手は

言いにくいことをこう伝える！

「ちょっと、ここ間違ってるわよ」と言われ、「何？　あの言い方！」なんて、ミスしたことは棚に上げてカチンときたこと、あなたにもあるのではないでしょうか？　人を注意するときに気をつけたいのは、相手

甘え上手は

お願いごとと感謝の気持ちをこう伝える！

私たちはつい、「自分と相手は同じ」と思ってしまいますが、人によって言葉の感じ方はまったく異なります。つまり、労いの言葉を伝えても、相手にはまったく伝わっていない可能性があるのです。参考までに、代表的な三つのタイプについてご紹介しましょう。

ひとつめは「ガソリン車」タイプ。このタイプは「ガソリン＝他人」というエネルギーが必要です。つまり、「人のため」に頑張りたいタイプで

甘え上手は

お誘いや依頼のお断りをこう伝える！

を怒らせてしまうと、その人の「いい結果を出そう」という〝やる気スイッチ〟をオフにしてしまうことです。それではもったいないですよね。では、相手の〝やる気スイッチ〟をオフにしないよう、言いにくいことを伝えるにはどうすればよいのでしょうか？

①対外的な目標を確認し、個人的な意見ではないことを相手に理解させる。

②目標に対して、相手の素晴らしい部分、できている部分を伝える。

③目標に対して「私は○○だと思うのだけど、あなたはどう思う？」と意見を言いつつ、最終的には相手に結論を出させる。目標を意識させることで、責任感が生まれ、冷静に判断させることができる。

　まずは相手を認めること。そして、相手と目線を合わせることがポイントです。

す。キラーワードは、「あなたしかいない。お願い」と信頼され頼られること。

　ふたつめは「ソーラーカー」タイプ。目標に向かって自走できるタイプです。キラーワードは「デキる人」と、実力と結果をほめること。

　最後は「ハイブリッド車」。自走しますが、「ガソリン＝人からの賞賛」が得られるともっと走れます。このタイプには「すごい！」とまず一目置きましょう。

　海外旅行に行ったらその国の言葉で話すように、自分の価値観ではなく、相手のタイプを見極め、相手に届く言葉で労ってみましょう。

　これまでお会いした輝く女性たちの多くが「ＹＥＳ教徒」でした。「ＹＥＳ教徒」とは、誘われたら、「自分にメリットがあるかどうか」ではなく、基本的に断らない人たちのこと。考えてみれば、自分の想像力なんてたかが知れていますから、メリットのあるなしを自分で判断せず、「誘われたら行く」のは、とても合理的。実際に「ＹＥＳ教徒」たちはチャンスに恵まれています。

　とはいえ、どうしても無理、という場合もありますよね。そんなときは、ただ断るのではなく、代わりの人を紹介できないか、ほかに役立つ情報がないか、など、自分にできることを添えて返答しましょう。相手の立場に立った対応は好感をもたれます。

　もうひとつは、なるべく早く返答すること。ギリギリまで待った挙句に断られることほど、ガッカリすることはありませんから。

甘え上手は

謝罪の気持ちをこう伝える！

営業をやっていた頃、納期が間に合わない、納品したものにミスがあった、などお客さまからのクレームは日常茶飯事でした。新人時代こそ憂鬱でしたが、あるときからクレームに対して「ワクワク」するようになったのです。なぜって？　それは「トラブルは相手と信頼関係を築けるチャンス」だとわかったからです。

もちろん、トラブルはないに越したことはありませんが、もし起こってしまったら、いつもより行動で誠意を伝えることができるチャンスにもなり得るのです。

相手との距離をグッと近づける謝り方のコツは、利他の視点で臨むこと。トラブルを解決するにはどうすればよいか？　をとことん考え行動することに尽きます。逆に、決してやってはいけないのが、自己主張や言い訳をすることです。保身を目標にした段階で、相手との距離は二度と縮まらないと肝に銘じましょう。

一見すると嫌なことでも、すべてを学びに変えられる女性に、人は惹きつけられるものです。

第5章

実践！
なぜか人に好かれる話し方

最後に、話し方の具体的なテクニックをお伝えしましょう。
人間は、すぐに変われるものではありません。
ただ、言葉だけならすぐ変えられますよね。
今から1秒後に実践できる、「一緒にいて楽しい人」になる方法です。

つぶやくだけで「一緒にいて楽しい人」になれる

魔法のおまじない

性格を変えるのは難しい。
でも、言葉だったら
すぐ変えられませんか？
楽しい人が楽しい言葉を
使うのではなく、
楽しい言葉を使っているから、
楽しい人になるのです。
心に波風が立った時でも
楽しい気分にさせてくれる
魔法の言葉を、5つ紹介します。

作家・写真家 **有川真由美**

ありかわ まゆみ＊働く女性のアドバイザー的存在として書籍や雑誌などで活躍中。旅行作家としても台湾を中心に約40カ国を旅し、エッセイやドキュメンタリーを執筆。著書に『いつも仕事がうまくいく女の41のリスト』（PHP研究所）など。

私の人生、どれだけ「言葉」に助けられてきたことでしょう。いつまでもウジウジと考えたり、自分に自信がもてず消極的だった私が、「やりたいことは、やってしまおう！」と、積極的に人生を送れるようになったのは、毎日使う言葉を選んできた影響が大きかったと思います。

愚痴やマイナスの言葉、たとえば、「もうダメ」「最低」「忙しい」などといった言葉が出ようとするとき、代わりに、「なんとかなる」「最高」「充実している」など、プラスの言葉を使うようにしてきたのです。

性格や感情を変えるのは大変難しいことですが、言葉を変えるのは簡単なことですから。

言葉は現実を導く不思議な力をもつ「言霊」と言われます。なにもスピリチュアルなことではなく、心は言葉との矛盾をなくそうとして無意識に合わせようとする性質があり、それに見合った環境もできてくるからです。

試験に臨むときに、「やっぱダメだわ」とつぶやくと、難しい気分になってきます。「ここまでこられたことに感謝」とつぶやくと、落ち着いた気分になってきます。いい気分だから、いい言葉を使うのではなく、いい言葉を使う人がいい気分になれるのです。言葉を味方にすることで、あなたの毎日はご機嫌なものに変わっていくで

取材・文：齋藤麻紀子

しょう。人やチャンスが集まってくるのも実感できるはずです。

自分の親友になったつもりで、自分自身にやさしく、ささやいてみてください。まるで魔法のおまじないのようにあなたの心が変わってきますから。

つい人と比べてしまうとき
「人は人、自分は自分」

これほど長期にわたって、私を励ましてくれた言葉はないでしょう。

幼いころ、女の子を褒める言葉といったら、「かわいい」「きれい」など容姿に関するものが多いものです。私は、「かわいい」と言われたことがない子どもでした。それでも、「どうせ私は……」と、卑屈にならなかったのは、子守りのおばあさんのこの言葉のおかげです。

「あなたは、ほかの子とちがうものをもっている」

だれよりも早く平仮名を覚えた、木登りが上手、よく気が利くなど、いい部分に気づき、感心したように言ってくれていたのです。

「人は人、自分は自分。私には私の道がある」という言葉は、10代20代と、よくつぶやき、いまとなっては、生き方に染み込んでいるものです。だから、学歴、恋愛、結婚、仕事、お金……といった単純な比較で自分を傷つけることはありませんでした。

人と比べているときは、大抵、人のいいところと、自分の劣っている（と思い込んでいる）ところを比べているのです。人との比較は、伸び伸びと生きようとする力を邪魔します。マイペースで歩いている人がいちばん人生を楽しめ、輝くことができると思うのです。

他人への怒りにとらわれたとき
「あの人はあれでも精一杯、生きている」

こちらが大人になろうとしても、怒りを覚える人は、やはり現れます。嘘をつく人、裏切る人、傷つける人、迷惑を考えない人……。

ある職場で、ひどい暴言ばかりを吐くお局がいました。本人は翌日、ケロリとしているけれど、私は悔しくて夜も眠れないほど。

そんなときに、同じように被害を受けていた同僚がひと言。「ひどいよね。でも、あんな人は必ず〝ワケあり〟なのよ」。

確かに、「あの人は、どうしてそうなのか？」と、背景を考えると、必ずワケあり。人を傷つける人は、家庭生活がうまくいっていない、コンプレックスがある、昔の傷が癒えていないなど、なにかしら問題を抱えているのです。

「あの人はあれでも精一杯、生きている」。そうつぶやけば、大目に見ようという気分になり、相手の言動は自分の問題ではなく、相手の問題として進むことができます。怒りにとらわれている時間がもったいない。私も限られた大切な時間を、自分なりに精一杯生きよう、と思うのです。

どうしようもない孤独に襲われたとき

「ひとり旅を楽しもう」

意図してひとりになりたいと思うときは孤独を感じないのに、人とつながりたいと思うときにひとりだと、どうしようもない孤独感が襲ってくるものです。

そんなとき、私は人と交わるのではなく、ひとりを積極的に楽しむことにしてきました。人生は所詮、ひとり旅。ひとりで生まれ、ひとりでこの世を去っていく……。もちろん、ときどき人と一緒に歩くことはあっても、基本的に、「ひとり旅」であることには変わらないのです。

「ひとり旅を楽しもう」と、ひとりを受け入れてみると、ひとりだからこそできるテーマに自由に取り組めます。旅のプランを描くように計画を練ったり、自分に向き合ったりすることもできる。孤独から生み出されるものは大きいと、だれもが知っているでしょう？

それに、私は人恋しくて、「ちょっと寂しい」という感覚が、案外、嫌いではないのです。そのほうが人といる時間がうれしく、優しくなれるじゃありませんか。

前に進む気力がなくなったとき

「で、どうしたいの？」

前に進めなくなっているときの多くは、希望が見つからないとき。もしくは、ほとほと疲れて、歩く気力がなくなったとき。そして、進むのが嫌でたまらないときでしょう。

私は二年前、海外留学での修士論文という大きな挑戦をしたのですが、正直、何度も挫折しそうになりました。

その度に、自分に問いかけてみたのです。

「で、ホントのところ、どうしたいの？」

すると、いつも「論文を早く仕上げて、卒業したい」という答え。「翌年に先延ばししたい」「やめたい」という選択肢はなかったのです。

私は、本当にやりたいことに対しては、いちばんエネルギーが強く、実現性も高いと信じているので、「やりたいなら、やりましょうとも！」となり、また歩き出します。自分の心を道しるべに進むのが、もっとも幸運な道。気力も次第に取り戻せてくるのです。

朝に唱えたいおまじない

「今日をありがとうございます！」

仕事に行きたくない朝も、前日、悪いことがあった朝も、順調な日も「ありがとう」と感謝すると、さぁ、頑張ろうと前向きな気分に。限りある人生の一日が尊く思えてきます。

夜に唱えたいおまじない

「きっとうまくいく」

こうなったらいいなというイメージを自由に描いて「きっとうまくいく」。寝ている間に、潜在意識が働いてくれます。目覚めたとき、決断できたり、アイデアが出てくることも。

悲しみから抜け出せないとき「ありがとう」

悲しみというのは、大切なものを失ったときにわいてくる感情です。大切であればあるほど、悲しみは深く大きいでしょう。

でも、悲しみの前には、必ず、喜びがあったはずです。「失った」と考えるとつらいものですが、その前に価値あるものと「出逢えた」、学びを「得られた」と考えると、ありがたい気持ちになってきませんか？

私は悲しみが押し寄せたとき、思いきり悲しんでみます。泣ける場所で思い切り泣きます。悲しみ疲れたころ、「ありがとう」とつぶやけば、心が落ち着いてくるのです。

悲しみから逃げたり、紛らわそうとする試みは、自分をだらだらと苦しめることになります。自分のなかで消化しようとすることが大切です。

同じことを思い出す度に、何度も悲しくなることもあります。でも、その都度、「ありがとう」とつぶやいていると、心の傷が少しずつ癒えていくのを感じます。そして、悲しみのあとには、必ず喜びがやって来ることも、実感できるのです。

人に好かれる「挨拶」の心得

挨拶で大事なのは、「役割を心得た姿と言葉」。話すことのプロであるアナウンサーが考える「感じのいい挨拶」を、お伝えします。

梶原しげる

かじわら　しげる＊１９５０年、神奈川県生まれ。フリーアナウンサー。早稲田大学法学部卒業後、文化放送にアナウンサーとして入社し、約２０年の在職ののちフリーに。著書に『その物言い、バカ丸出しです』（角川SSC新書）、『会話のきっかけ』（新潮新書）など多数。

挨拶は技だ

「こりゃあ、ご挨拶だねえ」という言葉があります。相手の挨拶に「感心」しているわけでは決してありません。「何とあきれたものの言いようだ」と相手を非難する場合に、「皮肉を込めて」使われます。「あの人はまともに挨拶もできない」と言えば「人として最低だ」と評価を下したのも同然です。「挨拶がない！」は非常識な人物への不満や敵意を伝える表現です。

「挨拶を単なる儀礼」と軽く見たら、大やけどしてしまいます。

ここで勘違いをされると困るのです。「そう！　儀礼じゃなくて、心よねえ、心」。

これも違う！　というのが私の考えです。「心を込めれば、好意が伝わるか？」といえば「ＮＯ！」です。

心の中で「あなたを大事に思っています」と念じながら挨拶しても、挨拶が下手ならあなたの好意は伝わりません。念じて伝えられるのは超能力者だけです。「ごく普通の我々」はどう挨拶したらいいのでしょうか？

それには、挨拶とは「学び取るべき技」だと考えることです。その「学び方」を一緒に考えてみましょう。

挨拶の２つの要件

① 見た目

「第一印象が大事だ」はその通りです。

一つの例を挙げましょう。テレビに出る人間は「どういう表情で画面に現れるのか」をとても大事にしています。「本番まで10秒前！　7、6、……」とフロアーディレクターのカウントダウンが始まります。司会者の役割が「楽しさを伝えること」なら、本番直前のこの辺りで彼は気の利いたジョークを飛ばし、出演者から和みの笑いが起きた数秒後に「映り始める」はずです。カメラが回り始めてから笑顔を作ると、視聴者に「わざとらしさ」が伝わってしまうからです。逆に「厳《おごそ》かさを求められる場面」では本番直前、スタジオがどんなにざわついていても「5秒前！」のコールがあれば、全員が神妙な顔を作るものです。

「挨拶する表情を意図的に作る」ことに違和感を持つ方がいるかもしれません。しかしこういう「あらかじめの印象形成」をしない、唐突な「おはようございます！」に、視聴者はかえって不自然さを感じてしまうのです。

実は我々の日常生活でも、挨拶上手な人はこれを当たり前にやっています。「あ、あの人だ！」と挨拶すべき人物を目撃したその瞬間。「笑顔」なのか「神妙な顔」なのか「表情・態度」をあらかじめ意図的に作ったうえで声をかけます。「ああ、あなたでしたね」というサインを目と身体で送り、背筋を伸ばし、場や相手にふさわしい角度でお辞儀をし、自分の役割に応じた「言葉」を発するのです。

「行き当たりばったり」はよほどの「挨拶の天才」以外は避けるべきです。用意周到な準備が何より。ただし大事な先輩や仕事相手と突然出くわすことだってあります。そういうときには「大きく驚き、そして素早く喜びの表情に移行する」という「技」をあらかじめ練習しておくことが必要です。挨拶一つがその後の人生を左右しかねないほど大事なのです。「出たとこ勝負」でチャンスを逃してはなりません。「この人なら付き合おう」と思ってもらえる「挨拶」を練習しておきましょう。

基本的な練習方法は二つあります。

一つ目は「挨拶上手の人を観察し模倣する」。これを「モデリング学習」といいます。周囲で「この人は感じがいい挨拶をするなあ」というお手本を探す。テレビの中にもモデルはいるはずです。そういう人の表情・仕草・発声を「観察」し、「模倣」する。漠然と「挨拶上手になりたいものだ」では、決してなれないものなのです。

二つ目は「観察・模倣した自分の様子をビデオで見る」。他人の「上手な挨拶」をチェックし、それをモデリングしただけでは、実際に自分の挨拶が上手にできているか確認できません。自分の様子を第三者目線で俯瞰してみるには、家で練習する自分の姿をデジカメやスマートフォンで動画撮影するのが一番です。それを自分で見て初めて「相手が感じる自分の印象」を知ることができます。「なかなかいい感じだ！」と思えるまで練習します。想定する場面や役回りをなるべく多く用意して、どんなときにどんな人を相手にしても好感を持たれる、自分のベスト挨拶を発見してください。

当然ながら、これら一連の「モデリング学習成果収録」の際は「見た目」だけでなく、次に述べる「何を口にし、

どう聴くか？」という言語での表現も加えることをお忘れなく。挨拶には「非言語＋言語」の総合的表現力が求められます。

2 言葉

すでに「第一印象」の決め手となる「挨拶の見た目」について学習したあなたが取り組むべきは、「挨拶で何を口にするか？」「挨拶にどう反応するか？」という言語的表現です。

一つ目は「何を口にするか？」。初対面なら「このたびはお忙しい中、ありがとうございます」と「会ってくださったことへの感謝」から入ります。その後、お辞儀をするなり、名刺を手渡したりしながら、「初めまして！△△と申します」と、自分が思っている以上にゆっくり、言葉の語尾を飲み込まず、相手の胸に、声のボールを優しく下から投げるイメージで伝えます。

その後「本論」に入る前の一言までが「挨拶」です。この一言は「今そこで共通に体験しているもの」を軽くそのまま言葉にすればいいのです。「いやあ、晴れて良かったですねえ」「お昼時はさすが人が一杯ですねえ」

程度。「格別意味のない言葉を交わし合う」、これで十分相互の関係性が構築されます。挨拶は、人と人の「感情交流のための架け橋」だと考えましょう。

二つ目は「挨拶への反応」。背後にある相手の感情に自分の表情を同調させながら、挨拶を返す。相手の言葉と自分の言葉がぶつからないよう、呼吸を聞き取る。相手が息を吐き切って吸い込もうとした瞬間が、あなたが音声を発するタイミングです。

ビジネス、ご近所付き合いから社交に至るまで、挨拶言葉に乗って伝わってくる相手の気分・情報を聞き取り反応することが、重要な言語技術なのです。そのため、うなずきながら適切なアイコンタクトを心がける。そこに「ええ」「はい」「そうですか」と、間を心得た相づちを加えること。身体を少々前にかしげるように聞き込む姿勢が、「聴いていますよ」の信号となり、相手の言語的挨拶への非言語的レスポンスとなるのです。

挨拶の好感度を高めるため、今日からできることを始めましょう！

essay

女は誰でもおしゃべりのプロ

犬山紙子
いぬやま かみこ＊1981年生まれ。イラストエッセイスト。インターネットや雑誌、TVなど各メディアで活躍中。著書に『負け美女』（マガジンハウス）、『邪道モテ！』（共著、宝島社）、『女は笑顔で殴りあう』（共著、筑摩書房）など多数。

三人寄れば文殊《もんじゅ》の知恵ということわざがありますが、女が三人集まれば、姦《かしま》しいという漢字の通り、文殊の知恵はどこへやら、とにかくおしゃべりがとまらないもの。オチなんか気にせず、恋愛から、仕事、愚痴、健康、お金のことまでまーとにかくしゃべるしゃべる。犬山ももちろんそうでございます。ただ、一見「うん、そうそう、わかる〜」の連発だったとしても、チクリとしたものもあり、「これ、なんだかんだ言って自慢したいだけじゃないの？」とイラッとしたりすることもあるんですよね。

たとえば、恋愛の話の場合。A子が今の彼の悩みを話している最中なのに、B子がカットインして惚気《のろけ》だしたり、C子はC子で「彼が最近浪費癖が激しくて、こないだもフランク・ミュラーの時計を……」だなんて悩みに見せかけた自慢しだしたり。「彼の年収がヤバイ」という話になれば、「そんな年収じゃやっていけないよ、別れたほうがいいって！」とやたらと別れをおススメする女がいたり。

みんなそれぞれプライドがあるから、一見仲よさげに見えても熾烈《しれつ》なバトルだったりするんですよね。で、独身女性だけでもこんだけバトルが繰り広げられるのに、既婚者と独身が集まると余計すごいことに。

「A子ちゃん、かわいいんだから早く結婚したほうがいいよ！　さっさと子供産んじゃったほうが体力的にも楽だから！」と、独身女性が百も承知のことをアドバイスされてイラッとし、でも独女は独女で「結婚すると、もう恋愛って終わりじゃないですか〜、それって女が終わったって感じがして、私はまだ女として生きていきたいから……」と既女に独女のほうが幸せだからアピールでやり返す。パッと見笑顔だから余計怖かったりするんですよね……。

そして、女同士で避けて通れないのが悪口。「あの子、ホントは良い子なんだけど」「嫌いじゃなくて、むしろ好きなんだけどさ」と最初に免罪符を作ってからの悪口言いたい放題が大人の女は主流。聞く方も「そうは言ってても嫌いなんだろうな……」と思いながら空気を読んで合わせてあげる。

そんなわけで女同士の会話って、オチもないし、実になることもないし、むしろ愚痴や自慢が多いしで、一見時間の無駄にも思えるんですよね。男がよく「女同士の会話はくだらない」とか上から目線で言って来ますし……（男の「今はシンガポールがねらい目」とかむやみやたらに仕事できる男アピールもウザいけど！）。

でも、そもそも女はおしゃべりに、無駄のなさや実用性なんて求めてないんですよね。しゃべること、それが目的なんですよ。自分の気持ちを話して聞いてもらうだけでどこかスーッとしてデトックスになるし、自慢されたって愚痴を言われたって、終わる頃にはなんだかんだで楽しくなる。おしゃべりは女たちの一番の娯楽だったりします。じゃないと、わざわざ集まっておしゃべりしないですもの。

でも、これって男と話すのじゃそうはいかないんですよね。女がおしゃべりに欲しいのは的確な意見じゃなくて、「そうだよね〜」というゆるい同調。これは女同士だからこそわかり合える部分です。たとえば失恋したとして、男に話すと「じゃあどんどん新しい所に出かけて出会いをつくりなよ」とか「その男とズルズル会っても良いことないんだから、連絡先消せ」とか「今日は一人じゃ辛いんじゃない？　家に来る？」みたいな結論出したがる会話になりがち。でも求めているのはそういうのじゃない！　女同士が最終的に落ち着く「わかる、その気持ち」「あんたは悪くないよ」「好きだったら会っちゃうよね」というぬるま湯だったりするわけです。そうやって気持ちをわかってもらって分かち合うのは実はすごく心強いこと。そうやって心が少しずつ回復していくんですよね。

みなさんも、女である以上もうおしゃべりのプロ。今までの人生でたくさんのおしゃべりをしてきた経験がありますから、女同士で大切な「ゆるい同調」はお手の物な筈です。プロだからこそ、女同士のややこしさを上手にさばいて処理をして、結局楽しいおしゃべりにもっていく。

中でも犬山が「この人には毎日でも会って話したい！」と思うのは「何ごとも面白がる人」。そういう人は、人の面白い所をクンクン嗅ぎまわり、大いに笑って楽しいムードにしてくれるんですよね。女友達の悩みを聞いて、同調して、最終的に笑いどころを見つけてみんなで笑う。女友達の嬉しいことも、同調して、なんか笑ってる。こういう人は自分自身にプライドがあっても、対人で妙なプライドがあんまりないんですよね。自虐も織り交ぜ、とにかく笑う空気にもっていく。話し上手ってテクニックじゃなくて、スタンスですから。

そんなわけでとにかく楽しい女同士のおしゃべり。女子会なんて言葉がない頃から女たちは集まってずーっとしゃべってきたわけですから、男子禁制の秘密の花園をおばあちゃんになってもやっていきたいものですね。

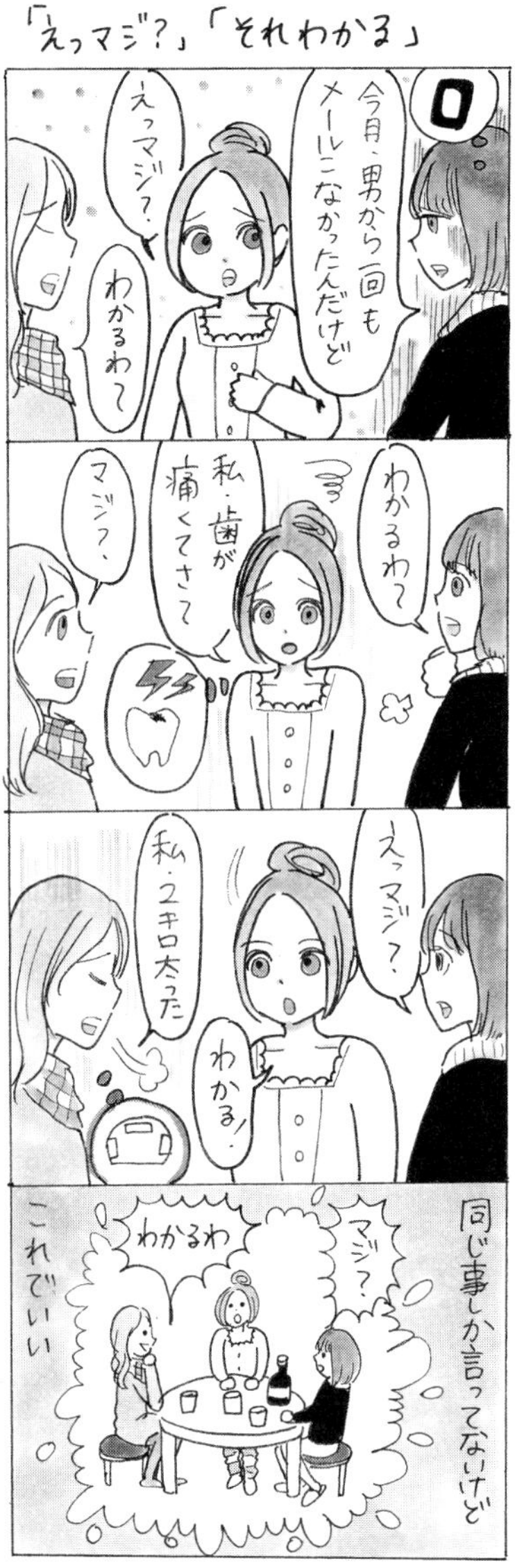

「そんなつもりじゃ……」を徹底レスキュー！

誤解されない「モノの言い方」

ささいなひと言が誤解されてしまい、
「そんなつもりで言ったんじゃないのに」と
落ち込むこと、ありませんか？
よくあるケースを元に、
「誤解されない話し方のツボ」を教えます。

微妙なニュアンスの違いに気をくばって

こちらはそんなつもりではないのに、相手に気まずさを感じさせたり、無礼だと思わせてしまったりすることがあります。

たとえば「ありがとう、手伝ってくれて助かったよ」とねぎらわれたとき、あなたが親切心から「まだ何かありますか？」と言ったとしても、ぶっきらぼうな言葉や疲れた声だと「なんだ、義理でやったのか……」と思われかねません。同じ言葉でも、笑顔でにこやかに発するだけで相手にいい印象を与えることができます。

コミュニケーションアーツアカデミー代表 **奥脇洋子**
おくわき ようこ＊山梨放送アナウンサーを経て、現在コミュニケーションコンサルタントとして全国的に活躍中。

case 1 ほめられたとき

「あなたのコーディネート、いつも素敵ね。
参考にさせていただいてるわ」

NG

「それほどでも」

「まだまだ、勉強不足で」

謙遜も度を超すと嫌味になります。「参考にしている」とほめている相手に対して、「それほどでも」「勉強不足」と言うのでは相手を見下した大変失礼な言い方になります。

こう返そう！

「○○さんにそう言っていただけると、
うれしいです。ありがとうございます」

「うれしいわ。自分のおしゃれに
自信がもてました」

「ありがとうございます。また
ほめていただけるように、もっと勉強します」

ほめられて気分を害する人はいません。ほめてくれて「ありがとう、うれしい」と素直に気持ちを伝えましょう。

case2 はげますとき

「1週間の入院と医者から言われまして」

NG

「仕事のことは心配しなくていいから」
「こっちは大丈夫、ゆっくり休んだら」

病気で仕事を休む人への言葉には注意したいもの。どちらの言い方も「代わりはいくらでもいる」と、その人の存在価値を否定しているように聞こえてしまいます。

こう返そう!

「仕事はみんなで協力して何とかするから、1日も早く良くなってください」

「ずいぶん忙しかったからですね。少し休養して、また一緒に頑張りましょう」

「休まれると困るけど、今は無理せずに、復帰したら仕事たくさんしてもらうからね」

「あなたがいないと困る」という気持ちを伝え、早く元気にならなくちゃという気になってもらいましょう。休む人も「留守中、何かありましたらメールをして下さい」等の気くばりを忘れずに。

case3 お礼をいうとき

「今日の会議の資料コピーしておきました」

NG

「ああ！　今しようと思ってたんだ」
「気が利きますね」

向こうがお礼を期待していなくても、感謝の言葉はどんな状況でもきちんと伝えるべきです。「気が利く」というフレーズは親しい間では通用しても、目上の人にはもちろん、同輩に使っても礼を欠きます。

こう返そう!

「コピーしてくれたんだ。ありがとう」

「ありがとう。これからしようと思っていたので助かります」

「時間がないしどうしようかと思ってたの。助かるわ。ありがとう」

たとえコピー1枚でも「ありがとう」のひと言があるとないとでは大違い。そのひと言がなかったために、次からあなたに手が差し伸べられることがなくなってしまう可能性もあります。

case 4 謝るとき

「伝票、書き間違えてるよ、ここを直して」

NG

**「あ、ほんとうだ！
ちゃんと書いたつもりなんですけど」**

「次から気をつけます」

言い訳や反省の言葉だけで、自分がミスをしたこと、そのことで迷惑を掛けたことに対して、謝罪の言葉がありません。ミスを認め、きちんと詫びる必要があります。

こう返そう！

「ご迷惑をお掛けいたしまして、申し訳ございません。
すぐに書き直させていただきます」

「申し訳ございませんでした。
すぐに訂正いたします」

「確認不足でした。誠に申し訳ございません。
すぐに訂正させていただきます。
今後は充分注意いたします」

謝り方の基本法則は、まず第一に自分の不注意等によるミスを詫びる。次に誤りを訂正し、「これから気をつける」など、次回につなげる気持ちを付け加えるとよいでしょう。

まだまだあります 返事のしかたのNG

「素敵なネックレスね」

✕「こんなの安物よ」

○「本当？　うれしい」

「お茶入れましょうね。
何がいいですか？」

✕「だいじょうぶです」

**○「ありがとうございます。
結構です」**

「コーヒーにします？
お茶にします？」

✕「〜でいいです」

○「コーヒーがいいです」

「手料理作ってきたんだけど
どうぞ」

✕「私ももっているから」

○「気持ちだけいただきます」

「今度、食事でもいかが？」

✕「そうね、機会があれば」

**○「うれしい！
□月□日はどうですか？」**

「桜もちいかが？」

✕「甘いものだめなんです」

**○「ごめんなさい、
甘いものが苦手で」**

interview

Eriko Sekiya

関谷英子

通訳・翻訳家

話すことが苦手でも思いは伝わる

「話がうまい」人とは、一緒にいると楽しいですよね。

私の経験では、「話がうまい」人には2種類あると思っています。1つは「話のコンテンツを持っている」人、もう1つが「人に伝えることができる」人。

今までお会いした中で、話に思わず引き込まれる方といってまず思い浮かぶのは、アメリカのアル・ゴア元副大統領。2007年の来日時の演説は、環境問題に対する危機感と熱意がとても伝わってきました。そうした話し手の思いは、聞き手に伝染します。話に中身があって強い意思を持つ人のお話は、聴衆の方々も熱心に聞き入りますね。

それから、航空や音楽事業を手がけるヴァージン・グループの創設者、リチャード・ブランソンさん。多くの知識やスキル、実績をお持ちですが、話し方が特に洗練されているわけではありません。実は彼はもともと学習障害があり、人前で話すのが苦手でめったに登壇しないのですが、チャリティのために講演をされたことがありました。言葉の選び方は決して巧みというわけではなく、多少つっかえながらの講演でした。でも、一言一言がすごく情熱的。彼が何か発するたびに、何千人もの聴衆が拍手喝采を送りました。話すことが苦手だけれどチャレンジするという姿勢そのものに、みんなが感銘を受けるんです。

「伝える」ために、大事なこと

だれかに話をするときに「伝わること」は、話の内容だけではありません。言葉の選び方や口調、話し方のトーン、間の取り方。人となりや雰囲気など、話す人全体を通して、その人のメッセージが伝わっているのだと私はとらえています。そこに「伝えたい」という話し手の気持ちが加わって、「伝わる」話になるのだと思います。

「相手に伝えたい」「相手にわかってもらいたい」ということを一番に考えていれば、話すことに対する苦手意識や緊張はずっと少なくなるはずです。人って、「私、うまく話せるかな」「今の言葉、言い間違えた」と自分に意識が向いているから緊張してしまう。でも、自分で思っているほどまわりの人は気にしていないから、大丈夫です。

また、相手が自分に求めている意見や視点を意識することは、どんな会話でも重要です。会社の一員としての考えなのか、あるいはより率直な、顧客の視点を踏まえた意見なのかなど、場によって求められること、伝えるべきことは変わってくるので、それにふさわしい話し方をするよう心がけたいですね。

シビアな場面では「素直さ」と「信頼」を

会話は生き物ですから、とっさに切り抜けなければならない場面があります。私は講演で話すことも多いのですが、会場の方とのやりとりで予想外の展開になったり、知らない事柄を尋ねられたり、相手の意図が理解できなかったりということがあります。

そんなときは、質問の意図を聞き返したり、「申し訳ありませんが、そちらについては知識を持ち合わせておらず、お答えすることができません」などと素直に言うようにしています。人前で話すときは特に、自分を大きく見せたい気持ちがどこかにあるものですが、あまり背伸びをする必要はないと思っています。

通訳になる前は、商社で海外アパレルブランドとの交渉をしていました。当時から異文化の人と話す機会は多かったですが、言葉や文化の違いはあっても、人間は根源的には一緒、と思って仕事をしていました。
ビジネスでは「どちらが優位に立つか」を重視するケースもありますが、基本は「信頼」。相手を説得するというと、つい「論破する」「言い負かす」といった発想になりがちです。でも、信頼関係のもとにお互いに納得がいく議論をすることが、後々まで良好な関係を築くコツなのだと学びました。

せきや えりこ＊ダライ・ラマ14世など、世界の著名人から信頼を寄せられるバイリンガル・トランスレーター。ＮＨＫラジオ「入門ビジネス英語」講師。『えいごのもと』（ＮＨＫ出版）、『結果が出るプレゼンの教科書』（祥伝社）など著書多数。

読者のお悩み

「雑談で、がんばって話題を提供しようとするのですが、自分の話ばかりしていると相手に思われているのでは……と気になります」

そうやってご自身の話を客観視できているのですから、あまり心配しなくても大丈夫だと思います。「話題を提供する」というのは、必ずしも自分が話し手になることではないと思うので、話題を振ったあとは聞き役になったり、相手の方に質問を投げかけたりするよう心がけてはどうでしょう。

「ヨワった！」の６ケースで学ぶ

一緒にいて楽しい人の「口のきき方」

いくら口ベタでも、どうしても「話さなくてはならない」シチュエーションは訪れるもの。
この機会に、脱・口ベタ！　会話のストレスがなくなるための、
とっておきのノウハウを、コミュニケーションの専門家が紹介します。

初対面の相手と話すとき

話題が少なくて、場が白けてしまうこともしばしば。
好印象を与えたいのに！

初対面の方とお話しするときに一番大切なのは、まず相手に興味と敬意を持つことです。そのときは外見だけではなく、相手の内面の輝く部分も探すようにします。興味を持って何かを見るとき、人の目は瞳孔の黒目の部分が大きくなって、活き活きとしてきます。そこで柔らかな微笑みを浮かべれば、あなたは誰から見てもステキな人にうつるはず。これで最初の印象はバッチリです。

そしてもし、あなたに話題がないのなら、相手が思わず話したくなるような話題を作ればいいのです。つまり、聞き上手になるのです。この場合には、相手のことを根掘り葉掘り聞くような質問を次々と投げかけるのではなく、ひとつの質問に対する相手の答えを膨らませるようにしていきます。

ポイントは、相手が「Ｙｅｓ」「Ｎｏ」で答えられるような質問の仕方をしないこと。たとえば「今日は良い天気ですね」ではなく、「こんな気持ちの良い天気の日には、普段だったら何をするのですか？」と聞くようにします。

そうすることで、相手との共通の話題を見つけたり、あなたが相手についてもっと知りたい何かが出てくると思います。それをどんどん膨らませていけば、さらに共通のキーワードを見つけやすくなり、その場がどんどん楽しく盛り上がっていくでしょう。

米国NLP協会認定トレーナー 加藤聖龍

かとう せいりゅう＊1958年生まれ。「役に立つNLP」を標榜し、身体のあらゆる症状から精神的なストレスまでに対処。著書に『一瞬で！幸せがあふれ出す方法』（王様文庫）、『たった今から人生を変えるNLPの法則』（リベラル社）など。

大勢の人の前で話すとき

人前に立つだけで足はガクガク、頭は真っ白。
そんなアガリ性をなんとかしたい！

一対一なら平気なのに、大勢の前で話すのが苦手な人は多いようです。でも、その境はどこにあるのでしょうか？ 2人？ 3人？ それとも10人を超えたところから？ はっきり「何人を超えたら」といえる人は、まずいないでしょう。それとも、よく知っている人なら何人いても平気なのに、知らない人だと2〜3人でもダメなのでしょうか？ これは自分をよく見せようとしたり、失敗したら恥ずかしいとか、みんなを楽しませなければいけないなどと思っているからでしょう。

大勢の前で話すスピーチや講義などは、どうしても一方通行になります。この場合には話の構成などのテクニックが、ある程度必要になってきます。でも、一番大事なことは「どう伝えるか」ではなく、「何を伝えたいか」「自分がそれについてどう感じているか」の2点に集約されるのではないでしょうか。

もちろんその時に使うテクニック的なものも多くあります。しかしそれより大事なのは、楽しいことなら楽しそうに、感動する話なら感動している状態に、まず自分がなって話をすることなのです。小さな子どもが目をキラキラさせて、身振り手振り交えながら人に話をするように、自分自身を、その話の世界に没頭させてみるのです。もちろん、今のあなたは幼い頃よりも話の組み立ては上手なはず。必要ないのは照れや、うまくやろうとする見栄《みえ》だけです。

苦手な人と話すとき

いつもペースを乱される、苦手なあの人。
なるべくなら話したくないのだけど……。

人には誰でも「苦手なタイプ」がいるものです。天敵のように感じる人もいるでしょう。

そういう人がまわりにいるときは、まず「自分はいったい、その人のどの部分を苦手と感じているのか？」を考えてみてください。もしその部分が具体的にわかったら、いつもと少し見方を変えてみましょう。苦手な部分以外をじっくり客観的に観察してみるのです。すると、その人の違う面がきっと見えてくるはずです。

たとえば、いつも威圧的な物言いや指示・命令をしてくる相手も、よく観察してみると、「断られるのを怖がって虚勢を張っているだけ」なのがわかるかもしれません。それらがわかれば、ずいぶん気持ちはラクになります。

また、人とのやりとりでは、自分の意志をはっきり持つことが大事です。優柔不断な態度では相手につけ込まれるだけですし、「Ｎｏ」と言うことで、むしろ相手のためになる場合も多いのだと覚えておいてください。できもしないことを引き受けるより、断る勇気を持つことです。

このように自分や相手を客観視すれば、いろいろなことも見えてきます。気まずい雰囲気になったのなら、何がそうさせたのかを観察してください。そのように客観的な観察を続けていれば、苦手な相手のツボもわかり、むしろ相手から「楽しい人だ」と思われるようになるでしょう。

多忙な人に仕事をお願いするとき

いい仕事をたくさんしているあの人に仕事をお願いしたいが、いつも忙しそうで……。

仕事ができる人というのは、多くの場合、自分のキャパシティを把握して要領よく物事を進めているため、それを超えてまで仕事を引き受けるようなことは、まずしません。そして、自分の時間が無駄に消費されることを嫌います。

そんな人に何かお願い事をしたいときは、長々と時間をかけて「こうしてほしい」と頼むのではなく、端的に「自分はこういうことを望んでいる」と、自分が得たい《結果・成果》を伝えるのがベスト。このとき、「何を」「いつまでに」を明確にすることも重要です。

きっと相手は、それを聞いただけで頭の中に全体像とスケジュールをほぼ瞬時に思い描き、受ける・受けないを判断してくれます。

その結果、相手の返事が「忙しいから無理！」だったら「私はベターではなくベストなものが欲しいので、あなたにお願いしています。それができるのはあなたしか考えられません！」などと言ってみてください。

「できる人」は、「自分にしかできない」という状況に弱いもの。関心はもっており、「時間」だけがネックになっているなら、あなたの情熱を見て、スケジュールの再設定をしてくれる可能性もあります。

ただし、コミュニケーションのポイントは、何より「思いやり」。相手の様子によって、速やかに引くことも好印象になります。

人を叱るとき

いったん叱り始めると、感情がエスカレートして
とまらなくなってしまう……。

人を叱るときに、絶対にしてはいけないことは、相手の存在そのものや、相手の愛する何かを否定することです。

どうしても人を叱らなくてはならないときは、相手そのものを否定してしまう言い方ではなく、相手が行動を起こしたそのプロセスにフォーカスしましょう。

たとえば、「どうして（なぜ＝why）こんなことをしたの？」ときつい語調で問い詰めると、相手は「お前はダメなヤツだ！」と自分を全否定されているような気持ちになり、萎縮したり、逆ギレしたり、言い訳ばかりになります。これでは、その出来事から相手が学べることはなくなってしまいます。

ですから、「なぜ（why）」ではなく、「なにがあったの？」（what＝何がそうさせたのか）、「どのようにそれが起きたの？」（how＝真の発生原因・howは、どうしてと言い換えるとwhyと同じになってしまうので注意が必要）のように問いかけましょう。

そうすることで、相手は起きた出来事を客観的に捉え、「どうしたらうまくいくか」に焦点を当てることができ、その出来事を次の学びへとつなげることができるようになるのです。その結果、あなたを信頼できる頼もしい人だと感じるでしょう。

ド忘れしてしまった人と話すとき

道でバッタリ会った相手が親しげに話してくるが、どうしても誰だか思い出せない……。

こんなときには決して無理に相手と話を合わせないことです。合わせようとすればするほど、無理が出てきます。

一番いいのは、やはり「すみません。失念しました。失礼ですがもう一度、お名前など頂いてもよろしいでしょうか？」と素直に謝ることです。

もし、それが難しそうなら、できるだけ相手に話をさせて情報を引き出し、こちらが思い出すしかありません。あなたは当たり障りのない話をしながら、自分の五感すべてを使ってその人のことを自分の記憶からサーチしましょう。

もしくは、「せっかくこんな所でお会いできたのですが、今、急いでいますので今度ゆっくりお話しさせてください」と言って速やかにその場から離脱しましょう。決して「こちらからご連絡します」とは言わないことです。

また、これは裏ワザですが、普段とは違う名刺を作っておいて「こちらの名刺も新しく作りましたのでお渡ししておきます」と渡す方法があります。向こうも名刺をくれるかもしれませんし、用があるのなら向こうから連絡がくるはずです。いずれの方法も、相手に悪印象を持たれることはないでしょう。

PHPスペシャル Special とは？

月刊誌『PHP』の姉妹誌『PHPスペシャル』は、
毎月10日発売の月刊女性誌。
心に寄り添う＆役立つ〈読むサプリ〉として、
コミュニケーションやメンタルケアなどのテーマを中心にしたノウハウや、
気持ちが穏やかになる読み物が満載です。
どんな仕事をしていても、どこで暮らしていても、
結婚していてもしなくても、何歳になっても。
誰もが抱えることのある悩みや迷いを解決し、
自分らしく充実した毎日を送るためのヒントをお届けします。
http://www.php.co.jp/magazine/phpsp/

装丁　いわながさとこ
装画　大山奈歩
本文デザイン　阿部美樹子
本文イラスト　第1章 青山京子　第2章 イイノスズ
第3章 後藤知江　第4章 吉田さき
第5章 中村奈々子
制作協力　株式会社オメガ社

本書は、月刊誌『ＰＨＰスペシャル』の記事（2010年８月号、2011年５月号、2012年５月号、2013年５月号、2014年１月・2月・11月号）に加筆修正を施してまとめたものです。

『ＰＨＰスペシャル』PREMIUM BOOK
一緒にいて楽しい人・疲れる人

2015年３月10日　第１版第１刷発行

編　者　『ＰＨＰスペシャル』編集部
発行者　安藤　卓
発行所　株式会社 PHP 研究所
京都本部
〒601-8411 京都市南区西九条北ノ内町 11
人生教養出版部　☎075-681-5514（編集）
東京本部
〒102-8331　千代田区一番町 21
普及一部　☎03-3239-6233（販売）
PHP INTERFACE　http://www.php.co.jp/

印刷・製本所　図書印刷株式会社

ISBN978-4-569-82267-9